中国客车行业发展报告

National Report on Commercial Bus Development

(2018)

交通运输部运输服务司　审　　定

中国公路学会客车分会
中国交通报社　　　　　组织编写

人民交通出版社股份有限公司
China Communications Press Co.,Ltd.

内 容 提 要

本报告全面、客观反映了2018年度中国客车行业的发展状况,记录了行业发展轨迹,盘点了行业发展重大事项,展示了行业发展成就。报告分为上、下篇共七章,上篇为行业发展篇,内容涵盖了客车行业发展综述,客车市场分析,客车政策、法规、标准化,客车人才教育等内容,下篇为专题篇,重点介绍了智能网联客车技术、新能源客车技术、传统客车技术创新等领域的发展情况。本报告既可以为道路运输行业管理决策服务,也可为企业发展、工程技术等相关研究提供参考,是社会各方面了解中国客车行业状况的权威读物。

Abstract

This report comprehensively and objectively reflects the development of Chinese bus production industry in 2018, records the development track of the industry, takes stock of some important events in the industry, and demonstrates major achievements of industry. The report is mainly for two parts, divided into seven chapters. The first part is about the development of Chinese bus industry in 2018. The content covers the overview of industry, market analysis, policy, regulation, standard, education, etc. The next part is the special article, focus on the development of technology about Intelligent Vehicle Infrastructure Cooperative Systems, electric bus, Hybrid electric bus, Hydrogen fuel bus, and conventional energy bus. This report can not only provide suggestions for the government managers on road transportation industry, but also valuable information for technological or commercial research. It is an authoritative reading material for all aspects to recognize the Chinese bus industry.

图书在版编目(CIP)数据

中国客车行业发展报告. 2018 / 中国公路学会客车分会,中国交通报社组织编写. — 北京:人民交通出版社股份有限公司,2019.9
　　ISBN 978-7-114-15811-7

Ⅰ.①中…　Ⅱ.①中…②中…　Ⅲ.①客车—汽车工业—产业发展—研究报告—中国—2018　Ⅳ.①F426.471

中国版本图书馆CIP数据核字(2019)第182205号

Zhongguo Keche Hangye Fazhan Baogao (2018)

书　　名:	中国客车行业发展报告(2018)
著 作 者:	中国公路学会客车分会　中国交通报社
责任编辑:	刘　博
责任校对:	孙国靖　魏佳宁
责任印制:	张　凯
出版发行:	人民交通出版社股份有限公司
地　　址:	(100011)北京市朝阳区安定门外外馆斜街3号
网　　址:	http://www.ccpress.com.cn
销售电话:	(010)59757973
总 经 销:	人民交通出版社股份有限公司发行部
经　　销:	各地新华书店
印　　刷:	北京虎彩文化传播有限公司
开　　本:	880×1230　1/16
印　　张:	7.75
字　　数:	214千
版　　次:	2019年9月　第1版
印　　次:	2019年9月　第1次印刷
书　　号:	ISBN 978-7-114-15811-7
定　　价:	100.00元

(有印刷、装订质量问题的图书由本公司负责调换)

审定组

高 博　曹 磊　李 强　蔡凤田　许书权
佘振清　李 成　晋 杰　李 枭　闫新亮
崔里宁

编写组

组　　长：胡选儒
副 组 长：申福林　白　崤　韩晓瑜
成　　员：裴志浩　金明新　刘晶郁　陈炳全　王　萌
　　　　　李笃生　高轶男　苏田田　李宝龙　邱远红
　　　　　梁丰收　秦志东　刘昌仁　祖　晖　李　春
　　　　　苏　亮　石添华　洪　洋　张国芳　张小平
　　　　　陈金芳　顾俊海　万支庆

编写说明

本报告由交通运输部运输服务司审定。中国公路学会客车分会、中国交通报社承担具体的编写及组织工作。

各章主要撰稿人如下：第一章，白靖、高轶男；第二章，李笃生、王萌；第三章，金明新、陈炳全；第四章，杨炜、韩晓瑜；第五章，刘晶郁、杨炜；第六章，刘晶郁、杨炜；第七章，刘晶郁、田顺；附录，陈炳全。

在本报告的编写过程中，得到交通运输部运输服务司的指导，也得到郑州宇通客车股份有限公司、比亚迪股份有限公司、北汽福田汽车股份有限公司、中通客车控股股份有限公司、金龙联合汽车工业（苏州）有限公司、厦门金龙联合汽车工业有限公司、厦门金龙旅行车有限公司、南京依维柯汽车有限公司、欧科佳（上海）汽车电子设备有限公司、南京康尼机电股份有限公司、丹阳市金业来车辆装饰件有限公司及人民交通出版社股份有限公司等单位的大力支持和积极帮助，提出了很多富有建设性的意见和建议。

本报告主要数据来源于"中国客车统计信息网"《交通运输行业发展统计公报》《中国道路运输发展报告》《中国城市客运发展》；案例材料来源于国内各客车生产企业、科研院所和检测机构。本报告不含中国香港特别行政区、澳门特别行政区和台湾省的情况。

编　者

2019 年 7 月

目 录

上篇 行业发展篇

第一章 客车行业发展综述 3
  第一节 客车行业概况 3
  第二节 主要客车生产企业 6
  第三节 道路旅客运输车辆概况 21

第二章 客车市场分析 26
  第一节 客车市场整体情况 26
  第二节 公路客车市场 28
  第三节 公交客车市场 31
  第四节 校车市场 35
  第五节 客车出口情况 38

第三章 客车政策、法规、规章、标准 42
  第一节 客车相关政策、法规、规章 42
  第二节 客车标准化管理 45
  第三节 营运客车市场准入管理 47
  第四节 客车出口认证检测 49

第四章 客车人才教育 58
  第一节 高等院校汽车人才教育概况 58
  第二节 职业院校汽车人才教育概况 70

下篇 专题篇

第五章 基于车路协同的客车新技术 77
  第一节 基于车路协同的客车新技术分类 77
  第二节 基于车路协同的客车相关政策 79
  第三节 基于车路协同的客车技术创新 81

第六章 新能源客车技术 88
  第一节 纯电动客车 88
  第二节 混合动力客车 89

  第三节 燃料电池客车 ……………………………………………………… 91
  第四节 动力蓄电池及充电设施 ………………………………………… 93

第七章 传统客车技术创新 …………………………………………………… 95
  第一节 轻量化技术 …………………………………………………………… 95
  第二节 主、被动安全技术 …………………………………………………… 97
  第三节 发动机技术创新 ……………………………………………………… 101
  第四节 清洁能源的应用 ……………………………………………………… 103
  第五节 其他系统技术创新 …………………………………………………… 103

附录 2018年度客车行业大事记 …………………………………………………… 106

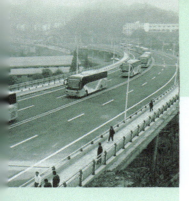

CONTENTS

Part One Industry Development

Chapter I Overview of Development of Commerical Bus Industry ············ 3

Section 1 Overview of Commerical Bus Industry ································· 3
Section 2 Major Commerical Bus Manufacturers ································· 6
Section 3 Overview of Road Passenger Transport Vehicles ················· 21

Chapter II Commerical Bus Industry Analysis ································ 26

Section 1 Overview of Commerical Bus Market ································· 26
Section 2 Road Bus Market ············ 28
Section 3 Bus Market ············ 31
Section 4 School Bus Market ············ 35
Section 5 Overview of Bus Exports ································· 38

Chapter III Passenger Car Policies, Laws, Regulations& Standards ······ 42

Section 1 Relevant Policies, Laws& Regulations ································· 42
Section 2 Standardized Management for Commerical Bus ················· 45
Section 3 Market Access Management for Operating Commerical Bus ······ 47
Section 4 Commerical Bus Export Certification Testing ····················· 49

Chapter IV Bus Talent Cultivation ································· 58

Section 1 Overview of Car Talent Cultivationin Universities ··············· 58
Section 2 Overview of Car Talent Cultivationin Vocational Colleges ······ 70

Part Two Technology Topic

Chapter V Intelligent Vehicle Infrastructure Cooperative Systems in Commerical Bus ································· 77

Section 1 Technology Classification about Intelligent Vehicle Infrastructure Cooperative Systems in Commerical Bus ························ 77
Section 2 Relevant Policies about Intelligent Vehicle Infrastructure Cooperative Systems in Commerical Bus ························ 79
Section 3 Technology Innovation about Intelligent Vehicle Infrastructure Cooperative Systems in Commerical Bus ·········· 81

CONTENTS

Chapter VI   New Energy Technology for Commerical Bus ············· 88

Section 1   Pure Electric Commerical Bus·· 88
Section 2   Hybrid Energy Commerical Bus ·· 89
Section 3   Fuel Cell Commerical Bus ·· 91
Section 4   Battery and Charging Facility ·· 93

Chapter VII   Commerical Bus Parts' Technology Innovation ·········· 95

Section 1   Lightweigh Technology Innovation ···································· 95
Section 2   Active and Passive Safety Technology Innovation ·············· 97
Section 3   Engine Technology Innovation ··· 101
Section 4   Application of Clean Energy ·· 103
Section 5   Other Parts' Technology Innovation ·································· 103

Appendix   Important Events of Commercial Bus Industry in 2018 ········· 106

上篇>>>

行业发展篇

第一章　客车行业发展综述

2001—2018年，我国大中型客车产销量连续10多年位居世界第一，客车及零部件销售收入达到千亿元。2018年，5m以上客车销量超过21万辆，约占全球客车市场份额的60%；其中，5m以上新能源客车销量达到99665辆，占全球客车市场份额的90%以上。在国家政策引导下，我国大中型客车在电动化、智能化、网联化、共享化等方面的新技术和新装备不断涌现，正在由客车大国向客车强国迈进。

2014—2018年，我国国内生产总值（GDP）年度增长率分别为7.3%、6.9%、6.7%、6.9%、6.6%。在此期间，除2015年因新能源汽车补贴政策原因，我国客车销售收入增长率达到18.6%，之后处于连续负增长状态，而且同比下降幅度逐年加大。近两年，我国汽车制造业主营业务收入在4万亿元左右，客车及零部件销售收入达到了千亿元，客车行业在汽车制造业中所占比例约为1/40。

第一节　客车行业概况

2018年，我国5m以上客车销量为负增长，同比下降12.9%，与2017年相比跌幅（同比下降9.25%）进一步加大。其中，公路客车、公交客车和校车三大细分市场销量同比均为负增长，自2016年开始公路客车已经连续3年大幅度下滑，也从一定程度反映出公路客运市场的不景气。2018年，我国客车生产企业销售收入同比下降22.4%，也是连续3年下跌，跌幅逐年加大。尤其是新能源汽车财政补贴退坡及申请补贴政策调整，近两年大多数客车企业都受到了资金的困扰。2018年我国客车行业的最大亮点是，客车出口销量和收入同比都是正增长。

目前，中国客车生产企业有近100家，排名前15家企业的销量、销售收入、开发经费等指标占整个客车生产企业总和的80%以上，随着市场景气度下降以及竞争程度的加剧，市场集中度有进一步加大的趋势。

一、国内销量情况

2014—2018年，我国5m以上客车总销量、公路客车销量、公交客车销量、校车销量如图1-1所示。从图中可以看出，2015年我国5m以上客车总销量增长15.5%，是近几年中增长幅度最大的一年；其中，公路客车、公交客车和校车销量也分别增长14.3%、19.5%、0.3%，公交客车销量大幅度增加主要是我国政府出台了一系列涉及公共交通领域新能源汽车财政补贴和免征车辆购置税的政策，使新能源公交客车销量呈现暴发式增长如图1-2所示。

2016年尽管公路客车和校车销量分别下滑8.4%、3.7%，但公交客车销量增长接近20%，我国5m以上客车总销量达到了近几年的新高。由于新能源汽车财政补贴退坡、申请补贴政策调整以及大规模更换新能源公交车等多种原因，2017年公交客车销量下滑17.5%，呈现急速下行之势；2017年和2018年公路客车销量分别下滑10.7%、17.8%，主要是受高铁和私家车的影响，公路客运市场已经开始萎缩，车辆购置和更新的动力不足。多种不利因素叠加，导致2018年各类客车销量继续下滑。

2018年是我国氢燃料电池客车迅猛发展的一年，氢燃料电池客车已经处于商业化示范运行阶段，实现销售1418辆。2018年氢燃料电池客车产销排名前5位的生产企业分别是佛山飞驰（298辆）、中通客车（90辆）、北汽福田（86辆）、宇通客车（60辆）、中植汽车（58辆）。

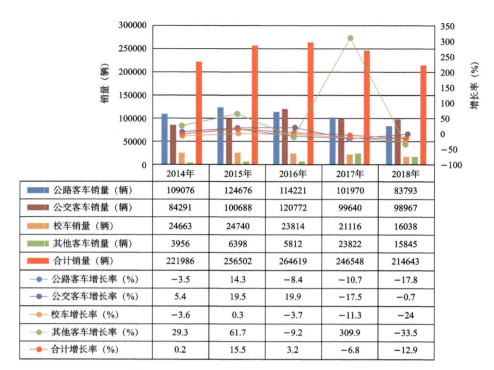

图1-1 2014—2018年5m以上各类客车销量

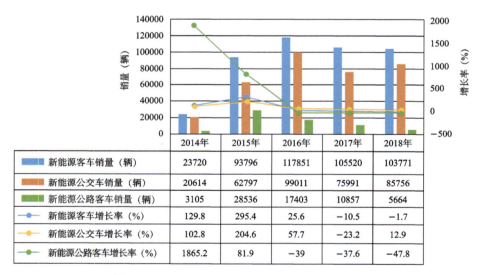

图1-2 2014—2018年5m以上新能源客车销量

二、出口销售情况

2014—2018年我国客车出口销量、销售收入（人民币）分别见图1-3。从图中可以看出，2015—2017年客车出口销量连续3年负增长，从年销量45130辆持续下滑至29769辆；尽管2015—2017年客车出口销量连续下滑，但2016年和2017年销售收入同比均略有增长，主要是大型客车出口销量上升的拉动。由于国内市场销量因多种原因较大幅度下滑，主要客车生产企业加大出口力度，2018年客车出口销售和销售收入同比分别增长10.6%、2.4%，是我国客车行业的一大亮点。

第一章 客车行业发展综述

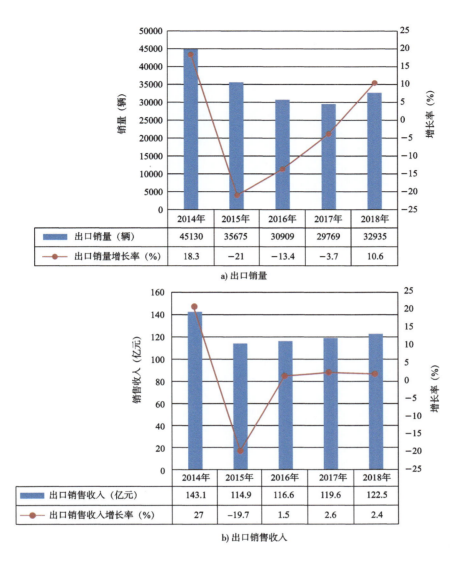

图1-3 2014—2018年客车出口销量和销售收入

从近几年的出口情况来看，我国客车出口的最大市场是亚洲国家和地区，第二大市场是美洲国家。"一带一路"建设为非洲带来巨大的发展红利，2018年我国客车出口到非洲的30多个国家，与出口到亚洲的国家数量基本相当，非洲逐渐会取代美洲成为我国客车出口数量的第二大市场。2018年我国客车出口到欧洲的销量同比增长10%以上，除德国之外，西欧主要国家（法国、西班牙、意大利、英国）都有进口我国客车。

2014年我国新能源公交车开始出口，2015年新能源公路客车也走出国门。2018年，主要客车生产企业新能源客车出口同比均成倍增长，出口至亚洲、美洲和欧洲等40多个国家和地区。

三、销售收入情况

2014—2018年我国客车生产企业销售收入如图1-4所示。2014年，国务院出台了一系列新能源汽车补贴和新能源汽车税收优惠等政策，新能源公交车销量暴涨，2015年和2016年推动客车生产企业销售收入达到了顶峰。2017年和2018年，也是因为政策调整的原因，新能源客车补贴退坡及延迟到位，无疑给公路客车、校车市场已经处于低迷状态的客车行业雪上加霜，2018年客车生产企业销售收入同比暴跌22.4%。

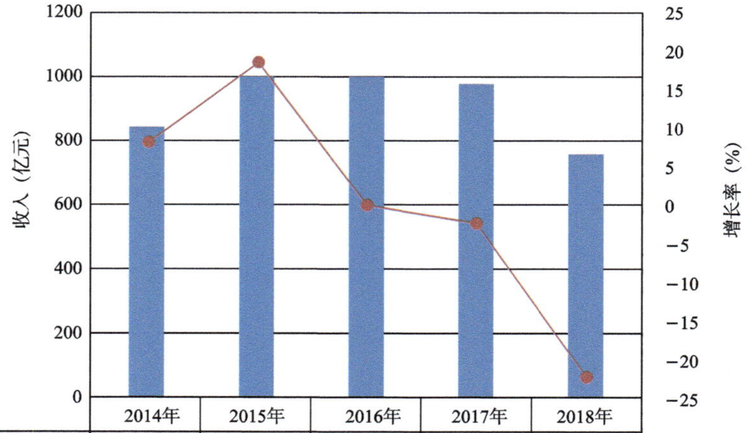

	2014年	2015年	2016年	2017年	2018年
收入（亿元）	846.3	1003.3	1002.2	979.5	760.4
增长率（%）	8.1	18.6	−0.1	−2.3	−22.4

图 1-4　2014—2018 年客车销售收入

第二节　主要客车生产企业

2014—2018年主要客车生产企业5m以上客车销量见表1-1和图1-5。从图1-5和表1-1中可以看出，我国客车生产企业主要有："一通三龙"［郑州宇通客车股份有限公司、厦门金龙联合汽车工业有限公司、金龙联合汽车工业（苏州）有限公司和厦门金龙旅行车有限公司］、北汽福田汽车股份有限公司、中通客车控股股份有限公司、比亚迪股份有限公司、安徽安凯汽车股份有限公司、南京金龙客车制造有限公司、上海申龙客车有限公司等。

2014—2018年主要客车生产企业5m以上客车销量　　　　　表1-1

企业简称	销量（辆）				
	2014年	2015年	2016年	2017年	2018年
郑州宇通	61398	67018	70947	67522	60739
北汽福田	5928	8148	22688	27776	20552
中通客车	12795	17505	18466	20286	13484
比亚迪	2522	5400	13278	13308	12690
苏州金龙	25615	29056	19559	9082	11697
厦门金龙	14564	15578	12388	10837	10096
厦门金旅	12902	14141	12990	10753	10040
珠海银隆	—	—	—	—	7345

续上表

企业简称	销量（辆）				
	2014年	2015年	2016年	2017年	2018年
安徽安凯	8012	10017	10166	8717	7337
南京金龙	—	9359	4154	10368	6970
上海申龙	4047	3111	3420	7155	6867
东风襄阳	6138	10993	7697	6153	6170
中车时代	—	—	4277	6328	5959
东风超龙	7825	7809	7216	7258	5198
亚星客车	4281	4492	6042	5742	4748

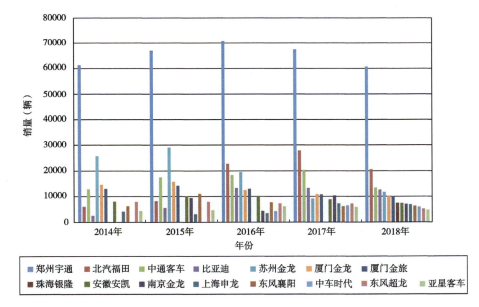

图 1-5　2014—2018 年主要客车生产企业 5m 以上客车销量

近几年，我国客车行业经过快速发展和结构性调整，当前的竞争格局与五年前已经大不相同，当时的"一通三龙"格局已不复存在，北汽福田、中通客车、比亚迪的崛起成为新的特征，新的行业龙头企业正在形成。2018 年，客车销量排名前 10 名的客车生产企业的销量之和占总销量的 75.0%，比 2017 年增加了 1 个百分点；10 家主要客车生产企业的销售收入之和占总销售收入的 89.9%，比 2017 年增加了 3.1 个百分点。这两个数据说明我国客车市场份额集中度较高（图 1-6 和图 1-7），而且集中度有进一步加大的趋势。

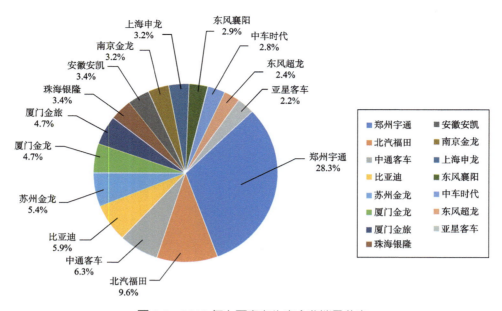

图 1-6　2018 年主要客车生产企业销量分布

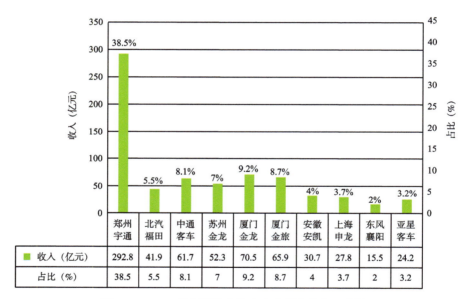

图 1-7　2018 年主要客车生产企业销售收入及占比

一、郑州宇通

自 2004 年至今，郑州宇通一直稳居我国客车生产企业的榜首。2018 年，尽管受客车市场多种不利因素的影响，郑州宇通各项指标均呈下降状态（表 1-2），但 5m 以上客车销量的市场占比增加 0.8%，主要是公路客车、校车销量占比提高的拉动。2018 年，郑州宇通销售收入为 292.8 亿元，同比下降 3.7%；出口销售收入 43.3 亿元，同比下降 5.0%，但客车出口收入位居国内第一；出口至亚洲、美洲、非洲、欧洲、大洋洲等 110 个国家，以及我国香港特别行政区、澳门特别行政区和台湾省。

2018年郑州宇通主要数据（辆）　　　　表1-2

年　份	总销量	公路客车销量	公交客车销量	校车销量	出口销量
2017年	67522	29721	27016	8914	8712
2018年	60739	24878	25465	7282	7216
增长率（%）	−10.0	−16.3	−5.7	−18.3	−13.7
市场占比（%）	28.3	29.7	25.7	45.4	21.9

截至2018年底，郑州宇通拥有员工17487人，其中博士45人、硕士875人。研发人员2751人，占公司总人数的15.7%；生产面积267.3万 m²，产能达到9万辆以上。郑州宇通高度重视科研投入，2018年的研发投入占全年销售收入6.4%以上。截至2018年底，共获得授权专利1834件，其中发明专利268件、实用新型专利1566件。

2018年5月，经过制动安全、稳定安全、结构安全、保护安全四个维度客观的测评，郑州宇通ZK6128H公路客车（图1-8）获得《中国客车安全评价规程》（C-SCAP）中的最高等级"超五星级"客车评价，即国内首批三个五星安全客车之一。在"2018全国新能源公交车性能评价赛"中，郑州宇通E10（图1-9）、E12两款电动公交车分别夺得10~11m组"全能奖"和11~12m组"全能奖"，同时还获得"经济性优胜奖""动力性优胜奖""续航里程优胜奖"等6个单项奖，实现本届赛事"大满贯"。

长12000mm、宽2550mm、高3695mm
发动机额定功率276kW/1900（r/min）
整车整备质量12700kg

图1-8　郑州宇通ZK6128H公路客车

长10500mm、宽2500mm、高3050mm
电池容量251.3kW·h
续驶里程325km

图1-9　郑州宇通E10纯电动公交车

二、北汽福田（福田欧辉）

福田欧辉近几年 5m 以上客车销量一直名列行业次席。2018 年，福田欧辉 5m 以上客车销量的市场占比下降 1.6%（表 1-3），主要是公交客车销量占比下降的影响。2018 年，福田欧辉销售收入为 41.9 亿元，同比下降 56.1%；出口销售收入 1.7 亿元，同比下降 65.3%；客车出口至亚洲、非洲、美洲、大洋洲、欧洲等 31 个国家，以及我国香港特别行政区、澳门特别行政区。

2018年福田欧辉主要数据（辆） 表1-3

年 份	总销量	公路客车销量	公交客车销量	校车销量	出口销量
2017 年	27776	19984	7432	360	1374
2018 年	20552	17985	2085	482	502
增长率（%）	-26.0	-10.0	-71.9	33.9%	-63.5
市场占比（%）	9.6	21.5	2.1	3.0	1.5

截至 2018 年底，福田欧辉拥有员工 2756 人，其中博士 1 人、硕士 82 人。研发人员 302 人，占公司总人数的 11.0%。北京工厂与广东工厂生产面积之和为 21.8 万 m^2，产能达到 1.2 万辆以上。福田欧辉比较重视科研投入，2018 年的研发投入占全年销售收入 4.8% 以上。截至 2018 年底，共获得授权专利 723 件，其中发明专利 225 件、实用新型专利 498 件。

在"2018 全国新能源公交车性能评价赛"中，福田欧辉 BJ6123（图 1-10）斩获 11～12m 组"动力性能优胜奖"。该车采用全铝车身，装备锰酸锂离子电池，经济性和动力性突出，同时车内噪声也非常低。

长 12000mm、宽 2550mm、高 3100mm

充电倍率 1C/2C

续驶里程大于 180km

图 1-10 福田欧辉 BJ6123 纯电动公交车

三、中通客车

中通客车自 2015 年至今一直位居我国客车生产企业的前三甲。2018 年，中通客车 5m 以上客车销量的市场占比下降 1.9%（表 1-4），主要原因是公路客车和公交客车销量占比均有所下降。2018 年，中通客车销售收入为 61.7 亿元，同比下降 22.7%；出口销售收入 8.7 亿元，同比增长 8.5%；出口至亚洲、非洲、大洋洲、南美洲、欧洲等 41 个国家，以及我国香港特别行政区、澳门特别行政区。

2018 年中通客车主要数据（辆）　　　　　　　　　　　　　　　　　　　表1-4

年份	总销量	公路客车销量	公交客车销量	校车销量	出口销量
2017 年	20286	5532	9124	1276	1292
2018 年	13484	4202	7402	1401	1657
增长率（%）	−33.5	−24.0	−18.9	9.8	28.3
市场占比（%）	6.3	5.0	7.5	8.7	5.0

截至 2018 年底，中通客车拥有员工 4991 人，其中技术人员 630 人，占公司总人数的 12.6%。生产面积 26.2 万 m^2，产能达到 3 万辆以上。中通客车比较重视科研投入，2018 年的研发投入占全年销售收入 4.5% 以上。截至 2018 年底，共获得授权专利 287 件，其中发明专利 52 件、实用新型专利 235 件。

在"2018 全国新能源公交车性能评价赛"中，中通客车 LCK6120EVG3A2（图 1-11）在 11~12m 组中脱颖而出，一举斩获"节能优胜奖"和"续航里程优胜奖"两项大奖。该车对整车轻量化、电池管理系统、电机控制系统、能量回收利用系统及整车集成控制系统进行了优化，在多工况下充电一次持续运行 300km 以上，还匹配 WABCO 轨道偏离预警、WABCO ECAS 电子稳定系统，有效降低驾驶员疲劳驾驶的风险且提高了车辆的安全性能。

长 12000mm、宽 2550mm、高 3350mm

电池容量 314.1~350.1kW·h

续驶里程 385km

图 1-11　中通客车 LCK6120EVG3A2 纯电动公交车

四、比亚迪

比亚迪以"公交电动化"为主要战略，2018 年以单一纯电动公交客车销量 12690 辆位居客车市场的第四位。2018 年，比亚迪 5m 以上客车销量的市场占比提高 0.5%（表 1-5），新能源公交车销量位居行业第二名，市场占比为 14.8%。客车出口至亚洲、美洲、欧洲、非洲等 24 个国家，以及我国香港特别行政区、澳门特别行政区和台湾省。

2018年比亚迪（客车）主要数据（辆）　　　　表1-5

年　份	总销量	公路客车销量	公交客车销量	校车销量	出口销量
2017年	13308		12777		441
2018年	12690		12690		710
增长率（%）	-4.6		-0.7		61
市场占比（%）	5.9		12.8		2.2

注：比亚迪只生产纯电动公交客车，不生产公路客车和校车。

截至2018年底，比亚迪客车版块拥有员工10365人，其中博士32人、硕士166人。研发人员1791人，占公司总人数的17.3%。截至2018年底，共获得授权专利315件，其中发明专利88件、实用新型专利18件、外观专利41件。比亚迪申报的"城市电动客车平台关键技术研发及产业化"项目荣获2017届"中国汽车工业科学技术奖"一等奖。

在"2018全国新能源公交车性能评价赛"中，比亚迪K8（图1-12）在10~11m组中获得"续航里程优胜奖"和"动力性能优胜奖"两项大奖。该车搭载比亚迪全新标准动力电池包、新型六合一控制器，高压电控系统高度集成，采用全铝合金车身、轮边驱动等领先技术，搭配冷暖空调（集成电池水冷板换功能）、360°全景影像监控、胎压监测系统，更加注重运行安全性能。

长10500mm、宽2550mm、高3180mm

额定功率100kW×2

续驶里程350km

图1-12　比亚迪K8纯电动公交车

五、苏州金龙

2018年是苏州金龙近几年中业绩最突出的一年，除校车之外，其他车型和出口销量全面大幅度增长。2018年，苏州金龙5m以上客车销量的市场占比提高1.7%（表1-6），公路客车和公交客车销量同比分别增长13.6%、86.5%。2018年，苏州金龙销售收入为52.3亿元，同比增长25.5%；出口销售收入19.3亿元，同比增长25.1%；出口至亚洲、美洲、欧洲等9个国家，以及我国香港特别行政区、澳门特别行政区和台湾省。

2018年苏州金龙主要数据（辆）　　　　表1-6

年　份	总销量	公路客车销量	公交客车销量	校车销量	出口销量
2017年	9082	6133	2257	692	2633
2018年	11697	6965	4210	522	4105
增长率（%）	28.8	13.6	86.5	-24.6	56.0
市场占比（%）	5.4	8.3	4.3	3.3	12.5

截至2018年底，苏州金龙拥有员工3898人，其中博士2人、硕士53人。研发人员537人，占公司总人数的13.7%。生产面积20万m²，产能达到2万辆以上。苏州金龙比较重视科研投入，2018年的研发投入占全年销售收入3.0%以上。截至2018年底，共获得授权专利281件，其中发明专利39件、实用新型专利219件。

在"2018全国新能源公交车性能评价赛"中，苏州金龙E10（图1-13）在10~11m组中获得"动力性能优胜奖"。该车采用效率高、可靠性高的电机直驱技术路线，为2500N·m永磁同步电机，设有L挡位专用于高转矩输出，还采用镁铝铆接技术的全铝车身、空气悬架等先进技术和装备。

长10490mm、宽2550mm、高3250mm

电池容量149.2kW·h

一次性充电时间1~2h

图1-13 苏州金龙E10纯电动公交车

六、厦门金龙

2018年是厦门金龙近几年中出口业绩最突出的一年，客车出口销量位居国内第一。2018年，厦门金龙5m以上客车销量的市场占比提高0.3%（表1-7），主要是公交客车销量同比增长3.2%的拉动。2018年，厦门金龙销售收入为70.5亿元，同比增长8.8%；出口销售收入为16.3亿元，同比增长18.2%；出口至亚洲、南美洲、欧洲、大洋洲等9个国家，以及我国台湾省。

2018年厦门金龙主要数据（辆） 表1-7

年 份	总销量	公路客车销量	公交客车销量	校车销量	出口销量
2017年	10837	5546	5180	51	8048
2018年	10096	4598	5346	32	10239
增长率（%）	-6.8	-17.1	3.2	-37.3	27.2
市场占比（%）	4.7	5.5	5.4	0.2	31.1

截至2018年底，厦门金龙拥有员工5105人，其中博士5人、硕士130人。研发人员1110人，占公司总人数的21.7%。生产面积57.3万m²，产能达到5万辆以上。截至2018年底，共获得授权专利201件，其中发明专利32件、实用新型专利169件。

厦门金龙XMQ6127CY（图1-14）获得《中国客车安全评价规程》（C-SCAP）中的最高等级"超五星级"客车评价，也是国内首批三个五星安全客车中得分最高的车型。在"2018全国新能源公交车性能评价赛"中，XMQ6106AGBEVL16、XMQ6127AGBEVL7（图1-15）两款产品分别独得10~11m组、11~12m组的"经济性优胜奖""动力性优胜奖""续航里程优胜奖"5个单项奖。

长 12000mm、宽 2550mm、高 3695mm

发动机最大功率 243kW/2200（r/min）

发动机排量 8.4L

图 1-14　厦门金龙 XMQ6127CY 公路客车

长 10500mm、宽 2500mm、高 3070mm

电池容量 303.7kW·h

续驶里程 260~280km

图 1-15　厦门金龙 XMQ6106AGBEVL16 纯电动公交车

七、厦门金旅

厦门金旅 2018 年是客车出口增长率最高的国内企业，出口销量同比增长 61.7%。2018 年，厦门金旅 5m 以上客车销量的市场占比提高 0.3%（表 1-8），但公交客车和校车销量同比分别下降 14.8%、58.9%。2018 年，厦门金旅销售收入为 65.9 亿元，同比增长 4.1%；出口销售收入为 12.8 亿元，同比增长 20.2%；出口至亚洲、非洲、美洲、欧洲、大洋洲等 47 个国家，以及我国香港特别行政区、澳门特别行政区和台湾省。

2018年厦门金旅主要数据（辆）　　　　　表1-8

年　份	总销量	公路客车销量	公交客车销量	校车销量	出口销量
2017 年	10753	5761	4851	141	2943
2018 年	10040	5851	4131	58	4758
增长率（%）	-6.6	1.6	-14.8	-58.9	61.7
市场占比（%）	4.7	7.0	4.2	0.4	14.4

截至 2018 年底，厦门金旅拥有员工 3979 人，其中硕士 58 人。研发人员 474 人，占公司总人数的 11.9%。生产面积 11.0 万 m²，产能达到 2.5 万辆以上。厦门金旅比较重视科研投入，2018 年的研发投入占全年销售收入 3.0% 以上。截至 2018 年底，共获得授权专利 51 件，其中发明专利 10 件、实用新型专利 41 件。

厦门金旅 XML6129（图 1-16）获得《中国客车安全评价规程》（C-SCAP）中的"五星级"客车评价，即国内首批三个五星安全客车之一。厦门金旅与英国知名设计公司 DCA 联合设计的"星辰"纯电动微循环城市客车（图 1-17），采用 SMARTPILOT 第二代自动驾驶平台，可完全实现 L4 自动驾驶，已在国内上海、重庆、杭州、厦门等城市，以及新加坡进行了运营测试。

长 12000mm、宽 2550mm、高 3795mm

发动机额定功率 297kW/1900 (r/min)

整车整备质量 13400kg

图 1-16　厦门金旅 XML6129 公路客车

车长 6045mm、轴距 3820mm、车厢内高 2020mm

电池容量 45.3kW·h

续驶里程可达 120km

最大载客量 24 人

图 1-17　厦门金旅"星辰"纯电动微循环城市客车

八、安徽安凯

2018 年，安徽安凯各类客车国内销量、销售收入及出口销量、销售收入同比均呈下降状态。2018 年，安徽安凯 5m 以上客车销量的市场占比下降 0.1%（表 1-9），公路客车、公交客车和校车销量同比分别下降 10.3%、21.4%、7.5%。2018 年，安徽安凯销售收入为 30.7 亿元，同比下降 27.4%；出口销售收入为 5.4 亿元，同比下降 12.4%；出口至亚洲、美洲、欧洲等 12 个国家，以及我国台湾省。

2018年安徽安凯主要数据（辆）　　　　表1-9

年　份	总销量	公路客车销量	公交客车销量	校车销量	出口销量
2017年	8717	3430	4529	717	1370
2018年	7337	3075	3559	663	1209
增长率（%）	−15.8	−10.3	−21.4	−7.5	−11.8
市场占比（%）	3.4	3.7	3.6	4.1	3.7

截至2018年底，安徽安凯拥有员工3308人，其中博士1人、硕士64人。研发人员319人，占公司总人数的9.6%。生产面积35.7万 m^2，产能达到1万辆以上。安徽安凯比较重视科研投入，2018年的研发投入占全年销售收入4.1%以上。截至2018年底，共获得授权专利1382件，其中发明专利226件、实用新型专利1156件。

目前，安徽安凯拥有7m通勤客车、8.5m公交车和12m公交车三种氢燃料客车。12m氢燃料公交车是安徽安凯一款全新车型（图1-18），可以实现−30℃低温起动，加满氢只需10min以下，一次加氢续驶里程达到500km。

长12000mm、宽2550mm、高3440mm

燃料电池系统额定功率45kW

氢气储量8×145L

图1-18　安徽安凯12m氢燃料公交车

九、其他

另外，上海申龙客车有限公司与深兰科技联合打造的"熊猫"自动驾驶公交车（图1-19）也让人眼前一亮，搭载自动驾驶、人车对话、视觉防盗、扫手付费、眼控广告等十多项全世界顶级的技术。

长11980mm、宽2550mm、高3250mm

电池容量324.5kW·h

续驶里程525km（等速法）

最大载客量87人

图1-19　上海申龙"熊猫"自动驾驶公交车

十、客车零部件重点企业

我国客车产业链成熟度较高，自主零部件占市场份额高达 80% 以上，在发动机、变速器、车桥、转向系统、制动系统、动力电池等主要零部件领域均具有核心竞争力的龙头企业，见表 1-10。

客车零部件重点企业 表1-10

零部件产品类别	企业名称
发动机总成	广西玉柴机器股份有限公司
	潍柴动力股份有限公司
	无锡柴油机厂
	东风康明斯发动机有限公司
	菲亚特动力科技管理（上海）有限公司
动力电池及部件	宁德时代新能源科技股份有限公司
	比亚迪锂电池有限公司
	惠州亿纬锂能股份有限公司
	合肥国轩高科动力能源有限公司
	北京国能电池科技有限公司
变速器及部件	艾里逊变速箱公司
	德国采埃孚股份公司
	一汽解放汽车有限公司变速箱分公司
	綦江齿轮传动有限公司
	陕西法士特汽车传动集团公司
悬架	中国公路车辆机械有限公司
	方盛车桥（柳州）有限公司
	东风德纳车桥有限公司
	上海科曼车辆部件系统股份有限公司
	潍坊荻杰玛汽车底盘技术有限公司
车桥	中国公路车辆机械有限公司
	方盛车桥（柳州）有限公司
	陕西汉德车桥有限公司
	东风德纳车桥有限公司
	德国采埃孚股份公司

续上表

零部件产品类别		企业名称
制动系统	制动盘	武汉元丰汽车零部件有限公司
		隆中控股集团有限公司（上海隆中国际贸易有限公司）
		威伯科汽车控制系统（中国）有限公司
		克诺尔制动设备（上海）有限公司
		采埃孚传动技术（苏州）有限公司
	制动钳	上海隆中国际贸易有限公司（隆中控股集团有限公司）
		威伯科汽车控制系统（中国）有限公司
		克诺尔制动设备（上海）有限公司
	制动鼓	东风德纳车桥股份有限公司
		郑州客熙隆商贸有限公司
		杭州东成汽车配件有限公司
		重庆望江正源车桥有限公司
	制动蹄	江苏恒力制动器制造有限公司
		东风德纳车桥股份有限公司
		方盛车桥（柳州）有限公司
	制动衬片	克诺尔制动设备（上海）有限公司
		泉州昌隆汽车配件工业有限公司
		郑州天慧汽车制动科技有限公司
		杭州佳耐汽车零部件有限公司
空气压缩机		耐力股份有限公司
		江苏奥吉瑞斯新能源有限公司
		东莞市康驰实业有限公司
		瑞安汽车零部件有限公司
		浙江盛源空压机制造有限公司
转向系统		杭州梵隆方向盘有限公司
		苏州震科汽车部件有限公司
		采埃孚传动技术（苏州）有限公司
		博世汽车转向系统（济南）有限公司
		北京海纳川恒隆汽车转向系统有限公司

续上表

零部件产品类别	企业名称
仪表	欧科佳（上海）汽车电子设备有限公司
	哈尔滨威帝电子股份有限公司
	上海本安仪表系统有限公司
	宁波市鄞州雪利曼电子仪表有限公司
空调总成	山东通盛制冷设备有限公司
	松芝股份
	深圳创维空调科技有限公司
	郑州科林车用空调有限公司
	山东郎进科技股份有限公司
驱动电机及电控	精进电动科技股份有限公司
	中车株洲电机有限公司
	宁德时代电机科技有限公司
	郑州宇通客车股份有限公司
	郑州精益达汽车零部件有限公司
	郑州智驱科技有限公司
	福建万润新能源技术有限公司
玻璃	常州长江玻璃有限公司
	广州福耀玻璃有限公司
	无锡亚光型材集团公司
	江苏志云新材料股份有限公司
座椅	龙海市九龙座椅有限公司
	厦门佳松工贸有限公司
	厦门金龙汽车座椅有限公司
	佛山市丽江椅业有限公司
车门	南京康尼机电股份有限公司
	江苏惠民交通设备有限公司
	厦门柏孜科技有限公司
	厦门塞尔福汽车有限公司
	江苏弗莱迪斯汽车系统有限公司

续上表

零部件产品类别	企业名称
安全装置	中汽客汽车零部件（厦门）有限公司
	北京世纪联保消防新技术股份有限公司
	烟台创为新能源科技有限公司
	无锡市宏宇汽车配件制造有限公司
	丹阳市金业来车辆装饰件有限公司
	四川华川工业有限公司
	浙江永旭科技有限公司
	东莞福泽尔电子科技有限公司
	河南护航实业股份有限公司

1. 广西玉柴机器股份有限公司

广西玉柴机器股份有限公司（以下简称广西玉柴）是我国最大的内燃机制造基地，2018年柴油机销量接近47.8万台，占总市场份额的16.1%。广西玉柴在传统柴油动力客车和混合动力客车长期保持70%左右的市场份额，涵盖4.8~18m的各类客车，主要柴油机产品有玉柴YC4FA（校车动力）、玉柴YC6K系列（适用12m以上公路客车）、玉柴YC6LN-50发动机（适用10~12m客车、BRT客车），另外还有国内首台满足国六法规的玉柴K08柴油机。截至2018年底，获得授权专利超过3600件，六项研发成果荣获国家科学技术奖。在"纪念改革开放40周年中国客车行业杰出人物、领军企业、重大事记评选活动"中，广西玉柴荣获领军企业荣誉。

2. 宁德时代新能源科技股份有限公司

宁德时代新能源科技股份有限公司（以下简称宁德时代）是全球领先的动力电池提供商，在电池材料、电池系统、电池回收等产业链关键领域拥有核心技术优势及可持续研发能力。2018年，宁德时代动力电池在新能源客车装机量接近9.2GW·h，客车电池装机量排名首位，占总装机量的54.0%，超过第二名35个百分点。宁德时代主要产品是三元锂离子电池和磷酸铁锂离子电池，在客车上装机的全部是磷酸铁锂离子电池。截至2018年底，获得授权专利907件，另外还有17件境外专利。在"纪念改革开放40周年中国客车行业杰出人物、领军企业、重大事记评选活动"中，宁德时代荣获领军企业荣誉。

3. 欧科佳（上海）汽车电子设备有限公司

欧科佳（上海）汽车电子设备有限公司（以下简称欧科佳）是法国ACTIA集团公司于2003年在中国上海成立的一家独资子公司。欧科佳是国内引进欧洲最新技术将局域网技术应用到商用车领域的先驱，在商用车CAN总线设备方面已经有近二十年的研发、生产经验，将客户对提高性能和降低成本的要求放在第一位，陆续开发了第一代CAN网络产品ADB（Automotive Data Bus），第二代CAN网络产品MultiBus系统，并于2003年推出第三代的CAN网络产品——MultiBus Ⅱ。

欧科佳是一家高科技创新公司，研发人员占公司总人数的47.3%，研发投入占全年销售收入17.4%以上。截至2018年底，共获得授权专利27件，其中发明专利3件、实用新型专利24件。

4. 南京康尼机电股份有限公司

南京康尼机电股份有限公司（以下简称康尼公司）主要产品为干线铁路门系统、地铁轻轨门系统、地铁车辆内部装饰系统和地铁站台安全（屏蔽）门系统，近几年其生产的塞拉门受到客车生产企业和公交公司广泛的青睐。康尼公司既是国家重点高新技术企业，也是国家"高技术产业化示范工程"单位。

康尼公司具有极强的自主创新能力，具有自主知识产权的门系统分别占据国内干线铁路和地铁城轨市场的 40%、50% 以上，其中干线铁路门系统新品 80% 由其研发提供，享有"中国轨道交通第一门"的美誉。康尼公司高度重视创新，研发人员占公司总人数的 28.0%，研发投入占全年销售收入 8.1% 以上。截至 2018 年底，共获得授权专利 643 件，其中发明专利 56 件、软件著作权 16 件。

5. 丹阳市金业来车辆装饰件有限公司

丹阳市金业来车辆装饰件有限公司（以下简称金业来公司）成立于 2003 年，属于科技型中小巨人企业，产品均已获得 3C 认证和欧盟 E-MARK 认证，公司通过了 ISO 9001 质量体系 2000 版认证和 TS16949 质量管理体系认证。

金业来公司共获得授权专利 28 件，主要专利产品有城市公共汽电车驾驶区防护隔离设施、手自一体电磁破窗器、铝合金风道等。金业来公司以高技术、高效率、高质量赢得客车行业的广泛好评，与国内主要客车生产企业都有良好的合作。金业来公司非常注重新产品研发投入和设备升级换代，研发投入占全年销售收入 5.3% 以上。

第三节 道路旅客运输车辆概况

道路旅客运输包括公路客运和城市客运两类，本节中城市客运的内容不包含轨道交通和出租汽车。道路旅客运输与客车行业相关的车辆分别称为营运客车和城市公共汽电车（简称公交客车）。

近几年来，受民航、高铁快速发展以及网约车、私家车大幅度增加等因素的影响，公路客运和城市客运均呈现客运量连年下滑的状态，尤其是公路客运已经面临严峻的挑战。

一、公路客运车辆

2014—2016 年全国营运客车数量波动不大，维持在 84 万辆左右，但自 2017 年开始出现明显下滑趋势。2017 年和 2018 年全国营运客车数量同比分别下降 2.9%、2.3%，客位数同比也分别下降 1.9%、2.4%，这也说明公路客运正在逐渐萎缩。同样，2014—2017 年大型营运客车数量比较稳定，但在 2018 年也显现出下滑的苗头，说明旅游客车数量增长无法弥补公路客车数量下降的空缺。2014—2018 年全国营运客车数量及客位数见表 1-11。

2014—2018年全国营运客车数量及客位数 表1-11

年份（年）		2014	2015	2016	2017	2018
全部营运客车	数量（万辆）	84.6	83.9	84.0	81.6	79.7
	客位数（万个）	2189.6	2148.6	2140.3	2099.2	2048.1
	平均客位数（个/辆）	25.9	25.6	25.5	25.7	25.7
大型营运客车	数量（万辆）	30.7	30.5	30.6	30.6	30.3
	客位数（万个）	1326.2	1324.3	1332.6	1339.9	1334.0
	平均客位数（个/辆）	43.2	43.4	43.5	43.8	44.0

自2015年开始,全国公路客运量及旅客周转量均呈现连续下滑的趋势。2015年出现大幅度下滑现象,同比分别下降15.1%和11.1%。2016—2018年全国公路客运量跌幅逐渐在加大。2014—2018年全国公路客运量及旅客周转量见表1-12。

2014—2018年全国公路客运量及旅客周转量 表1-12

年份(年)		2014	2015	2016	2017	2018
客运量	数量(亿人)	190.8	161.9	154.3	145.7	136.7
	增长率(%)	2.9	−15.1	−4.7	−5.6	−6.2
旅客周转量	数量(亿人·km)	12084.1	10742.7	10228.7	9765.2	9279.7
	增长率(%)	7.4	−11.1	−4.8	−4.5	−5.0

二、城市客运车辆

2014—2018年全国公交客车数量呈现连续增长的趋势,说明我国正在加快建立以公共交通为导向的城市发展模式。尽管全部公交客车每年只有个位数的增长,但新能源公交客车(混合动力客车和纯电动客车)每年均以两位数的增长,2015年同比增长接近2.4倍,2018年同比增长幅度最小,但也达到32.9%。新能源公交客车数量占公交客车数量的比例,由2014年的6.9%上升到2018年的50.8%,提高近44个百分点,说明新能源汽车推广应用在城市公共交通领域成果显著。2015—2017年,BRT公交客车数量每年均增加1000辆以上,2018年增加308辆,增长速度明显放缓。2014—2018年全国公交客车数量见表1-13和如图1-20所示。

2014—2018年全国公交客车数量 表1-13

年份(年)		2014	2015	2016	2017	2018
公交客车	数量(辆)	528803	561756	608636	651208	673430
	增长率(%)	3.8	6.2	8.3	7.0	3.4
新能源公交客车	数量(辆)	36617	86659	164629	257185	341869
	增长率(%)	64.7	136.7	90.0	56.2	32.9
BRT公交客车	数量(辆)	5333	6163	7689	8802	9110
	增长率(%)	18.9	15.6	24.8	14.5	3.5

2014—2018年混合动力和纯电动两种新能源公交客车数量都在增长,2017年新能源公交客车数量超过汽油、柴油公交客车数量,2018年新能源公交客车数量达到汽油、柴油公交客车数量的2.2倍,成为加快我国节能减排工作的重要突破口。由于新能源汽车补贴政策的驱动,纯电动公交客车数量的增长幅度明显高于混合动力公交客车数量增长幅度,2017年纯电动公交客车数量超过混合动力公交客车数量

的 2.9 倍。近 3 年汽油、柴油公交客车每年以两位数的比率在淘汰，占全部公交客车数量的比例由 2014 年的 55.4% 下滑到 2018 年的 23.0%，2018 年纯电动客车数量全面超过汽油、柴油公交客车数量之和。2014—2018 年不同燃料类型公交客车数量见表 1-14 和如图 1-21 所示。

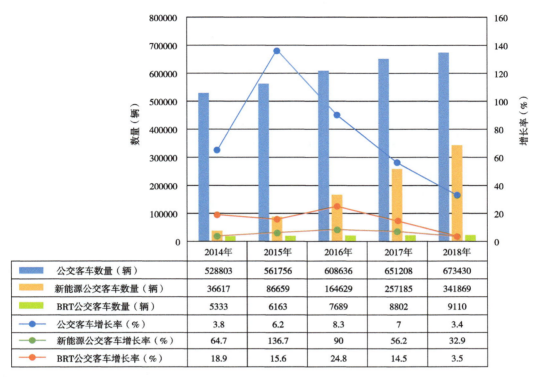

图 1-20　2014—2018 年全国公交客车数量变化

2014—2018年不同燃料类型公交客车数量　　　　　　　　　　　　　　　　表1-14

年份（年）		2014	2015	2016	2017	2018
纯电动客车	数量（辆）	7297	36262	94947	171191	254791
	增长率（%）	139.2	396.9	161.8	80.3	48.8
混合动力客车	数量（辆）	29320	50397	69993	85994	87078
	增长率（%）	52.8	71.9	38.8	22.9	12.6
柴油客车	数量（辆）	279927	253458	226412	186866	149700
	增长率（%）	-7.4	-9.5	-10.7	-17.5	-19.9
汽油客车	数量（辆）	13294	9657	8521	6661	5521
	增长率（%）	-22.6	-27.3	-11.8	-22.1	-17.1

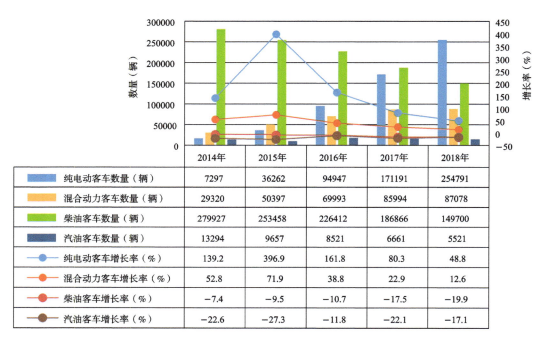

图 1-21 2014—2018 年不同燃料类型公交客车的变化情况

2014—2016 年城市客运的运营里程有所增长,但 2017 年和 2018 年运营里程逐渐在下降;而公交客车客运量自 2015 年开始连续负增长,并且同比下跌幅度还在逐渐加快。在城市交通领域引发极大影响的共享单车、共享汽车、网约车等新业态以及中心城市轨道交通的迅速发展,导致公交客车客运量的快速下滑。2017 年共享交通从快速扩张到稳定发展、从粗放布局向精耕细作过渡,还将继续对公交客车客运量产生较大的影响。2014—2018 年全国城市公交客运量及运营里程见表 1-15。

2014—2018年全国公交客车客运量及运营里程　　　　表1-15

年份(年)		2014	2015	2016	2017	2018
完成公交客车客运量	数量(亿人次)	781.9	765.4	745.6	722.9	697.0
	增长率(%)	1.4	−2.1	−2.6	−3.0	−3.5
运营里程	数量(亿km)	346.7	352.3	358.3	355.2	346.1
	增长率(%)	0.7	1.6	1.7	−0.9	−2.6

三、客车高质量发展需求目标及要素

近三年,人民群众不断提升对生态环境的要求,国家持续重视发展新能源汽车产业,纯电动客车、燃料电池客车、车路协同等技术不断涌现,引领客车向绿色、智能的方向发展,同时,"6·26"宜章大巴起火事故、"10·28"重庆公交坠江事故等重大安全事故引起了政府及人民群众对客车安全性的高度重视与关心。为满足高质量发展需求,国务院、交通运输部、工业和信息化部等政府部门出台一系列政

策与规范，制修订一系列标准与法规，促进客车新技术的快速发展并保障乘客的安全。

1. 生态环保

为加强新能源汽车动力蓄电池回收利用管理，规范行业发展，推进资源综合利用，保护环境和人体健康，保障安全，促进新能源汽车行业持续健康发展，2018年1月26日由工业和信息化部、科学技术部、环境保护部、交通运输部、商务部、国家质量监督检验检疫总局、国家能源局联合印发《新能源汽车动力蓄电池回收利用管理暂行办法》，2018年8月1日施行。《纯电动城市客车通用技术条件》（JT/T 1026—2016）等标准促进了新能源客车的技术发展。

2. 车路协同技术

2018年4月3日，工业和信息化部、公安部、交通运输部印发《智能网联汽车道路测试管理规范（试行）》的通知，自2018年5月1日起施行。对智能网联汽车的道路测试提出顶层的规范性要求，省、市级政府相关主管部门可以根据当地实际情况，依据该规范制定实施细则，具体组织开展智能网联汽车道路测试工作，有助于车辆协同技术的进一步发展。

3. 安全性

为进一步加强营运客车安全技术管理，有效遏制和减少因客车本质安全性能不足导致的道路运输安全生产事故，切实保障人民群众生命财产安全，交通运输部组织制定了交通运输行业标准《营运客车安全技术条件》（JT/T 1094—2016），2017年4月1日起正式实施。2018年8月22日，《交通运输部办公厅关于推广应用智能视频监控报警技术的通知》要求实现对驾驶员不安全驾驶行为的自动识别和实时报警。2018年11月9日，《交通运输部办公厅关于进一步加强城市公共汽车和电车运行安全保障工作的通知》对"完善城市公共汽电车驾驶区域安全防护隔离设施"提出要求。2018年12月10日，《国务院安全生产委员会关于加强公交车行驶安全和桥梁防护工作的意见》对"健全完善公交车驾驶区域安全防护隔离设施标准"提出要求。

通过制修订交通运输行业标准，包括《营运客车内饰材料阻燃特性》（JT/T 1095—2016）、《营运车辆爆胎应急安全装置技术要求》（JT/T 782—2010），申报立项修订国家标准和汽车行业标准，包括《客车锂电池舱灭火装置配置要求》《新能源客车电池箱（舱）监测及报警装置》《燃料电池客车技术要求》《客车驾驶区安全防护隔离设施技术要求》《客车自动破窗装置》等，对客车安全性能提出更高要求。

第二章 客车市场分析

受新能源汽车补贴政策因素和宏观经济环境的影响，2018年是继2017年后我国5m以上客车销量较大幅度连续下滑的第二年，并且同比下跌幅度进一步加大。在细分市场中，公交客车销量占比逐年提升，公路客车和校车销量占比有所降低，新能源客车销量仍然处于良好的态势。在客车出口方面，销量和销售收入均有不错的表现，也是客车市场为数不多的亮点。

第一节 客车市场整体情况

2018年，我国实现销售的客车生产企业超过100家。统计的40家企业累计销售5m以上客车214643辆（图2-1），同比下降12.9%，连续两年大幅下滑。除其他客车，校车下降幅度最大，也是近五年销量最低的一年；尽管公路客车下降幅度低于校车客车，但高于客车整体下降幅度，也是近五年销量最低的一年；公交客车下降幅度最小，销量占比超过公路客车（图2-2），已经接近占据客车市场的半壁江山。

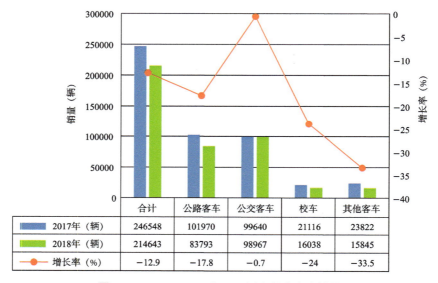

图2-1　2017—2018年5m以上各类客车销量

近五年，我国传统客车销量呈现逐年下降趋势（图2-3），新能源客车销量在2015年激增并于2016年达到顶峰后，2017年和2018年连续两年下降。2018年，新能源客车销量同比下降1.7%，传统客车销量同比下降21.4%，销量下跌幅度进一步加大。

2018年，大型客车销量82545辆，同比下降17.2%；中型客车销量74385辆，同比下降11.9%；轻型客车（5~6m）销量51100辆，同比下降14.7%。也就是说，2018年我国各型客车销量均处于下滑状态，大型客车销量跌幅最大。

如图2-4所示，2018年的1—5月份5m以上客车销量高于2017年同期，从6月开始连续7个月均低于2017年同期。其中5月、11月和12月销量高于其他月份，主要受新能源车销量激增影响，说明我国客车市场受政策因素的影响非常大。

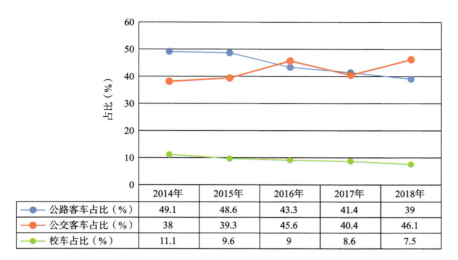

图 2-2 2014—2018 年 5m 以上各类客车占比

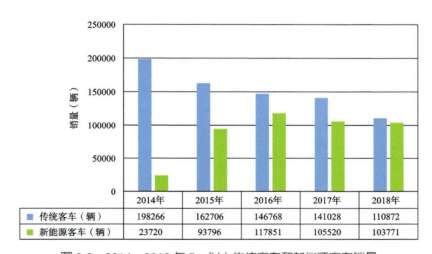

图 2-3 2014—2018 年 5m 以上传统客车和新能源客车销量

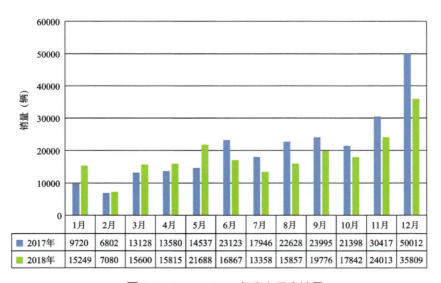

图 2-4 2017—2018 年客车月度销量

2018年，我国客车出口32935辆，同比增长10.6%，抑制住前三年连续下滑的态势。我国客车出口仍以传统客车为主，新能源客车占比较少，但2016—2018年新能源客车出口数量成倍增长。

第二节 公路客车市场

2016—2018年，我国5m以上公路客车销量连续三年负增长，而且同比跌幅逐年在加大，在整个客车市场的占比也在逐年下降。随着其他出行方式竞争的加剧，一方面公路客车销量下滑趋势仍将继续，另一方面公路客车市场结构也在发生改变，旅游客车占比明显提升、班车客车占比持续萎缩。另外，新能源公路客车销量有所起伏，但已经逐渐获得市场的认可。

一、公路客车市场总体概况

受新能源公路客车销量大幅增长的影响，公路客车销量由2014年的109076辆猛增至2015年的124676辆，之后连续三年同比下跌。2018年，我国5m以上公路客车销量在近五年以来首次跌破10万辆，下降至83793辆（图2-5）。

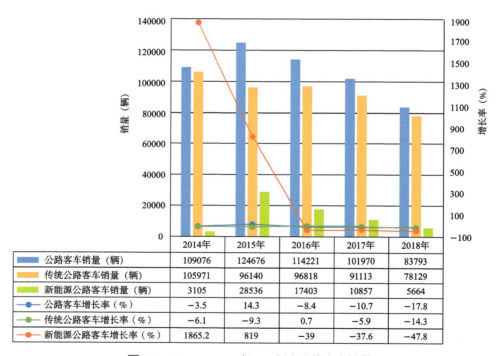

	2014年	2015年	2016年	2017年	2018年
公路客车销量（辆）	109076	124676	114221	101970	83793
传统公路客车销量（辆）	105971	96140	96818	91113	78129
新能源公路客车销量（辆）	3105	28536	17403	10857	5664
公路客车增长率（%）	-3.5	14.3	-8.4	-10.7	-17.8
传统公路客车增长率（%）	-6.1	-9.3	0.7	-5.9	-14.3
新能源公路客车增长率（%）	1865.2	819	-39	-37.6	-47.8

图2-5 2014—2018年5m以上公路客车销量

自2014年开始，新能源公路客车年销量一路飙升，2015年达到销量28536辆，之后三年连续下滑。近几年，由于新能源公路客车降低成本、提高效益效果明显，逐步得到用户的认可，再加各地环保压力及新能源汽车补贴政策变化的影响，预计新能源公路客车销量会略有增加。

公路客车市场容量比较小，2018年8.3万多辆的销量分布在80家以上客车生产企业。在这些企业中，销量前10名生产企业的公路客车市场占有率达到91.4%（表2-1），主要客车生产企业市场份额集中度进一步提高。多年来，郑州宇通一直位居首位，并且公路客车市场占比仍呈现上升态势，由2014年的

27.5%上升至2018年的29.7%;北汽福田排名第二,成为公路客车市场的后起之秀;第三名至第九名的销量,与2014年相比均有下滑。

公路客车销量前10名的生产企业　　　　　　　　　　　　　表2-1

2014年			2018年		
企　业	销量（辆）	市场占比（%）	企　业	销量（辆）	市场占比（%）
郑州宇通	29988	27.5	郑州宇通	24878	29.7
苏州金龙	19043	17.5	北汽福田	17985	21.5
厦门金龙	8092	7.4	苏州金龙	6965	8.3
厦门金旅	7617	7.0	厦门金旅	5851	7.0
中通客车	5826	5.3	厦门金龙	4598	5.5
安徽安凯	5639	5.2	中通客车	4202	5.0
河南少林	5181	4.7	东风超龙	3549	4.2
依维柯	3061	2.8	安徽安凯	3075	3.7
东风襄阳	2945	2.7	江铃晶马	2924	3.5
上海申龙	1918	1.8	东风襄阳	2522	3.0

二、公路客车市场主要影响因素

受经济发展和出行方式的影响,我国公路客车市场结构也在发生变化（图2-6）。班车客车占比从2014年接近50%下跌至2018年的28%,旅游客车占比持续上扬,团体客车占比尽管有所波动,但有上行的趋势。

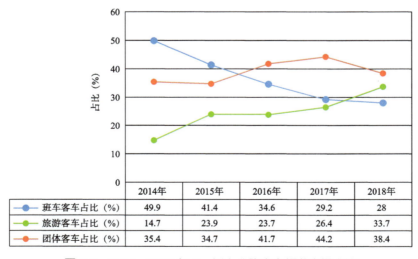

图2-6　2014—2018年5m以上公路客车细分市场占比

1. 出行方式多元化

自 2015 年开始，全国公路客运量及旅客周转量均呈现连续下滑的趋势，2017 年和 2018 年全国营运客车数量同比分别下降 2.9%、2.3%（见本书第一章第三节）。出行方式多元化是影响公路客车市场的主要因素，民航、高铁、私家车、网约车、轨道交通等形成网络化交通出行方式，选择公路客运出行的旅客逐年下降。

2. 旅游市场快速发展

随着我国人民生活水平不断地提高，近年来旅游业增长动力强劲，旅游客车需求也迅速增长。2016—2018 年，国内旅游人数分别为 44.4 亿人次、50.0 亿人次、55.4 亿人次，旅游收入分别为 3.9 万亿元、5.4 万亿元、5.9 万亿元，两项数据均呈现两位数的增幅。

3. 城镇化率水平提高

根据《国家新型城镇化规划（2014—2020 年）》，我国非农产业正在向城镇集聚、农村人口逐渐向城镇集中，2020 年城镇化率达到 60%。2018 年我国城镇常住人口 83137 万人，比上年末增加 1790 万人，城镇化率为 59.6%。城镇化的发展趋势，对长途公路客运需求减少，但对城郊公路客运需求增加，同时通勤出行需求也会有所增长。

三、公路客车市场发展趋势

根据 2014—2018 年《交通运输行业发展统计公报》的数据，我国高铁营业里程分别增长 0.3 万 km、0.4 万 km、0.3 万 km、0.4 万 km，定期航班通航城市分别增加 6 个、10 个、10 个、6 个。近几年对公路客运冲击较大的民航和高铁建设增长比较平缓，2018 年乘用车市场开始下滑，旅游客车、团体客车市场逐步增长。综合以上因素，预计未来几年公路客车销量每年将维持在 7 万~8 万辆。

从近三年公路客车长度段销量来看（图 2-7），10~12m 段销量大幅度下降，2018 年 10~11m 段销量占比下滑比较突出；9~10m 段销量占比相对平稳，2018 年 8~9m 段销量占比有所反弹；7~8m 段和 6~7m 段销量及占比均呈现下滑趋势，2018 年 6~7m 段销量占比下滑突出；2018 年在公路客车整体销量下降的情况下，5~6m 段销量不仅保持平稳，而且销量占比大幅度增长。预计未来几年公路客车市场，5~6m 段销量及占比进一步增长，11~12m 段和 8~9m 段销量占比保持相对稳定。

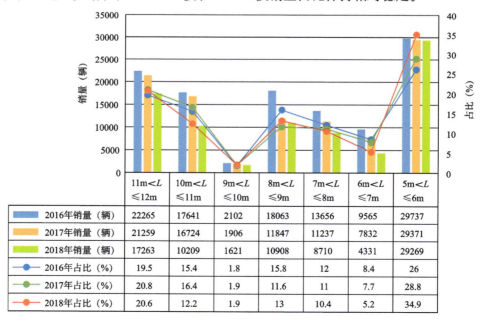

图 2-7　2016—2018 年公路客车各长度段销量占比

从近三年公路客车在省（自治区、直辖市）销量占比来看（图2-8），销量前9名的省份销量占比分别为49.7%、54.3%、55.0%，区域需求集中度逐年提升。销量排名靠前的省份是江苏、浙江、广东、上海，贵州和四川也一直保持在前列。预计未来几年公路客车，销售的主要区域仍然是经济发达、人口密度较高及旅游业比较发达的省份。

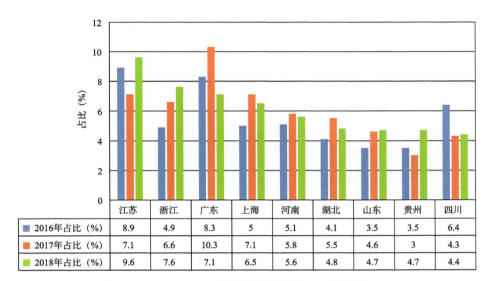

图2-8　2016—2018年公路客车销量前9名省份的占比

第三节　公交客车市场

2016—2018年，我国5m以上公交客车销量连续三年负增长，但在客车市场的占比却有增长的趋势。2018年公交客车销量占比为46.1%（图2-1），大幅度超过公路客车销量占比，客车市场已由公路客车占据绝对主力逐渐转变为公交客车成为主角。由于外来竞争对公路客运冲击的加剧，以及我国对公共交通重视程度的提升，公交客车在客车市场销量占比增长的趋势仍将继续。

一、公交客车市场总体概况

受新能源汽车财政补贴和免征车辆购置税的政策的影响，2016年我国5m以上公交客车销量超过了12万辆（图2-9）。随后，经过2017年大幅度下滑后，2018年继续回落到98967辆。但与其他类型客车相比，2018年公交客车下降幅度最小（图2-1），因此，公交客车已经接近占据客车市场的50%。

在新能源汽车补贴政策、生态环境保护政策的引导下，我国公交客车新能源化已成为不可逆转的趋势。自2015年开始，新能源公交客车销量占比超越传统公交车占比，2018年新能源公交客车销量占比达到公交客车的86.7%，近几年占比结构呈现"剪刀"形（图2-10）。

2018年，公交客车销量前10名企业的公交客车市场占比为79.2%（表2-2），主要客车生产企业市场份额集中度进一步提高。多年来，郑州宇通一直位居首位，并且公交客车市场占比仍呈现上升态势，由2014年的24.6%上升至2018年的25.7%；第二名以后的企业则发生了较大变化，比亚迪抓住新能源汽车发展的契机，成为公交客车市场的一匹黑马，中车时代公交客车销量也是连年攀升，"三龙"占比分别都有所下降。

图 2-9　2014—2018 年 5m 以上公交客车销量

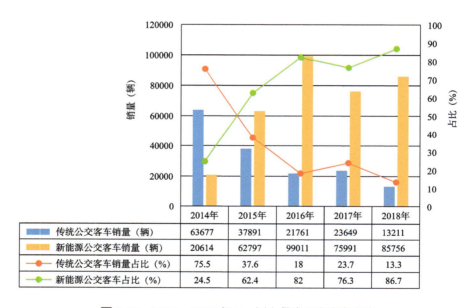

图 2-10　2014—2018 年 5m 以上各类公交客车占比

公交客车销量前10名的生产企业　　　　　　　　　　　　　　　　表2-2

2014 年			2018 年		
企　业	销量（辆）	市场占比（%）	企　业	销量（辆）	市场占比（%）
郑州宇通	20746	24.6	郑州宇通	25465	25.7
厦门金龙	6398	7.6	比亚迪	12690	12.8
中通客车	5896	7.0	中通客车	7402	7.5

续上表

2014 年			2018 年		
企　业	销量（辆）	市场占比（%）	企　业	销量（辆）	市场占比（%）
苏州金龙	5708	6.8	珠海银隆	6773	6.8
厦门金旅	5047	6.0	中车时代	5959	6.0
北汽福田	4651	5.5	厦门金龙	5346	5.4
安徽安凯	4571	5.4	苏州金龙	4210	4.3
上海申沃	3732	4.4	厦门金旅	4131	4.2
河南少林	3412	4.0	亚星客车	3915	4.0
扬州亚星	2794	3.3	安徽安凯	2522	2.5

二、公交客车市场主要影响因素

我国公交客车具有较强的公益性质，其产品的升级换代、采购能力及需求总量受国家、部委及地方的政策性影响很大。

1. 国家的相关政策

2018 年新能源公交客车销量在公交客车市场占比已经达到 86.7%（图 2-9），传统公交客车销量占比下降至 13.3%。由于新能源客车补贴标准对纯电动客车和燃料电池客车的倾斜程度较大，混合动力公交客车销量在公交客车市场占比也在逐年下降，由 2014 年的 18.6% 下降至 2018 年 6.1%；氢燃料电池客车也已经呈现萌芽状态，2018 年销售 1418 辆氢燃料电池公交客车。

2. 补贴政策的出台时间

由于新能源客车对国家财政补贴政策依赖度较大，政策出台时间、实施时间和补贴标准对公交客车市场产生非常大的影响。近几年，由于公交客车销量占比已经接近客车市场的一半，公交客车市场的波动必将引起整个客车市场的变化。2018 年 2 月 12 日，财政部、工业和信息化部、科技部、发展改革委联合下发《关于调整完善新能源汽车推广应用财政补贴政策的通知》，从 2018 年 2 月 12 日至 2018 年 6 月 11 日为过渡期，导致客车市场全年呈现前高、中低、后高的局面。

3. 城镇化率水平提高

2018 年我国城镇化率已经达到 59.6%，对长途公路客运需求减少的同时，城市公共交通出行需求会有所增加，这也成为公交客车市场新的增长点。截至 2018 年底，我国 31 个省（自治区、直辖市）新能源公交运营车辆数占城市公共汽电车运营车辆总数的 50.8%，11 个省份超过全国平均水平（表 2-3）。其中占比较高的有湖南（79.4%）、河南（73.1%）、广东（70.9%）、福建（65.5%）和山东（65.1%）。

新能源公交运营车辆数及占比 表2-3

省份	运营车辆数（辆）	新能源运营车辆数（辆）	新能源运营车辆数占比（%）	省份	运营车辆数（辆）	新能源运营车辆数（辆）	新能源运营车辆数占比（%）
北京	24076	6180	25.7	湖北	23841	9488	39.8
天津	13813	6236	45.1	湖南	29344	23306	79.4
河北	31678	16947	53.5	广东	66349	47038	70.9
山西	16010	9767	61.0	广西	14835	6526	44.0
内蒙古	11445	3284	28.7	海南	4786	2850	59.5
辽宁	23924	9778	40.9	重庆	13237	3670	27.7
吉林	13282	3994	30.1	四川	33742	8799	26.1
黑龙江	19770	8513	43.1	贵州	9900	3319	33.5
上海	17476	8646	49.5	云南	16452	6057	36.8
江苏	48046	25760	53.6	西藏	714	362	50.7
浙江	41298	16134	39.1	陕西	15873	7988	50.3
安徽	24765	12618	51.0	甘肃	9177	3747	40.8
福建	20738	13590	65.5	青海	3897	1288	33.1
江西	13699	7339	53.6	宁夏	4312	1129	26.2
山东	62474	40658	65.1	新疆	10218	1801	17.6
河南	34259	25057	73.1				

三、公交客车市场发展趋势

自2017年开始，国家新能源汽车财政补贴快速退坡，免征车辆购置税对新能源客车市场影响力有限，新能源客车市场已经步入后补贴时代。但在国家公交优先发展战略和改善环境空气质量等政策的推动下，公交运营车辆将会保持一定的规模，新能源公交客车的发展趋势也不可逆转，预计未来几年公交客车销量每年将维持在10万辆左右。

2016—2018年，国家新能源客车财政补贴标准是以3个长度段来划分（6m＜L≤8m、8m＜L≤10m、10m＜L），因此新能源公交客车长度主要集中在8~9m段和10~11m段上，各长度段的销量结构呈现"M"形（图2-11）。在市场导入期，新能源公交客车市场主要依赖于政策指引，但进入后补贴时代后市场力量逐渐增强。预计未来几年公交客车市场，8~9m段和10~11m段销量占比保持相对稳定，6~7m段销量占比会有所增长。

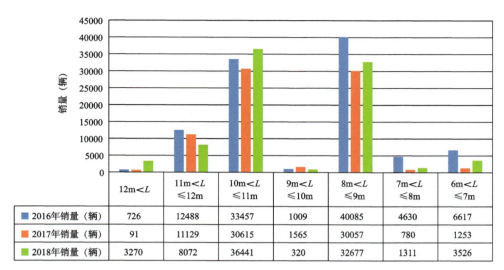

图 2-11　2016—2018 年新能源公交客车各长度段销量

前几年，在国家政策的推动下，各级政府对新能源公交客车的推广和应用均持积极态度，一、二线城市普遍加大了新能源公交客车购置和传统公交客车更新置换的力度，但三、四线城市力度相对较弱。预计未来几年，新能源公交客车需求的总量依然可观，将向中小城市延伸。

2019年，我国加快推广氢燃料电池汽车的计划实施，中国新能源汽车的发展已经进入另一个发展阶段，产业化的重点需要进一步向氢燃料电池汽车方向拓展，《中国燃料电池汽车技术路线图》中也提出了"2020年达1万辆、2025年10万辆、2030年100万辆"的氢燃料电池汽车发展规划。预计未来6～10年，氢燃料电池公交客车也会暴发式增长。

第四节　校车市场

2016—2018年，我国5m以上校车销量连续三年负增长，而且同比跌幅逐年在加大，在整个客车市场的占比也在逐年下降。校车市场的萎缩状态，并不是真实需求在减少，而是因为缺少财政补贴政策的支持，影响了校车市场的发展。

一、校车市场总体概况

2010年和2012年国家质量监督检验检疫总局、国务院分别发布了《专用小学生校车安全技术条件》和《校车安全管理条例》，为校车运营提供了前提条件和运营保障。自2010年开始，校车市场进入快速增长期，2013年5m以上校车销量达到25577万辆。由于缺乏有利政策引导及校车更新周期较长（10～12年），市场需求动力不足，导致2017年和2018年分别以11.3%、24.0%连续大幅度下滑（图1-1）。

校车市场虽然容量较小，2018年1.6多万辆的销量分布在35家以上客车生产企业。在这些企业中，销量前8名生产企业的校车市场占有率达到91.4%（表2-4），市场份额集中度进一步提高，形成了强者恒强的局面。郑州宇通销量无疑仍然是校车市场的老大，桂客发展、中通客车、保定长安、上饶客车表现也不俗，均突破了1000辆大关。

校车销量前8名的生产企业 表2-4

2014年			2018年		
企　业	销量（辆）	市场占比（%）	企　业	销量（辆）	市场占比（%）
郑州宇通	9327	37.8	郑州宇通	7282	45.4
桂客发展	2587	10.5	桂客发展	1466	9.1
保定长安	2010	8.1	中通客车	1401	8.7
东风襄阳	1786	7.2	保定长安	1374	8.6
东风特汽	1425	5.8	上饶客车	1114	6.9
河南少林	1169	4.7	安徽安凯	663	4.1
中通客车	1073	4.4	河南少林	618	3.8
苏州金龙	864	3.5	东风超龙	577	3.6

二、校车市场主要影响因素

校车用途单一、年运营里程少、运营收入有限、投资回报周期长，同时社会关注度高，社会资本参与运营的积极性不高，影响校车市场的主要因素是各级政府的支持政策。

1. 政府的相关政策

相对于新能源汽车的各种补贴政策，目前国家没有针对校车购置、运营补贴的政策。校车运营基本上无利可图，并且还要承担运营安全责任和风险。另外，各级地方政府对手续办理、税费减免等方面的支持力度相差较大，再加上各区域发展不平衡，严重制约了当前校车市场的发展。目前，校车销量排名前10名的省份占整个校车市场的80%左右（表2-5），一方面地方政府有适当的鼓励政策，另一方面是人口密度的省份。

校车销量前10名省份的占比（%） 表2-5

省　份	2016年	2017年	2018年
广东	14.6	15.7	17.0
河南	19.7	14.8	14.0
湖南	9.3	9.3	9.6
河北	1.9	3.3	7.0
安徽	9.3	8.3	6.7
山东	6.8	8.5	6.3
湖北	7.2	9.6	5.1
广西	3.4	4.3	4.5

续上表

省　　份	2016 年	2017 年	2018 年
江苏	4.0	2.0	4.2
辽宁	3.9	3.2	2.5

2. 人口出生率

我国已成为一个低出生率的国家，2015 年人口出生率为近几年最低（不到 12.1‰）。尽管国家放开了二胎政策，2016 年人口出生率冲高到接近 13.0‰，但随后两年又连续下跌，2018 年人口出生率勉强超过 10.9‰，并且有继续下降的趋势。新增人口数量的持续走低，必然要导致校车刚性需求量减少。

3. 城镇化率水平提高

随着我国城镇化率水平的不断提升，人口集中度加大，幼儿园建设也更加密集，适龄学童有了就近入学的条件，对轻型校车的需求会出现下降的趋势。

4. 寒暑假期

校车市场有明显的淡旺季，每年 3 月份和 9 月份分别是幼儿园、中小学寒暑假的开学季，所以当月和此前 1 个月是校车销售的高峰期（图 2-12）。

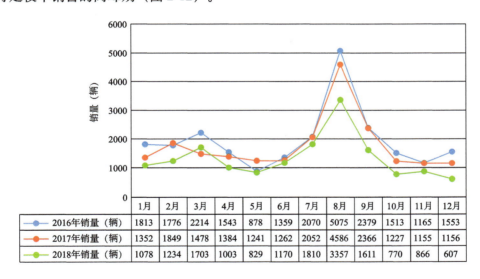

图 2-12　2016—2018 年校车月度销量

三、校车市场发展趋势

如图 2-13 所示，柴油校车由 2016 年占比 84.2% 增加到 2018 年的 87.3%；同时，汽油校车由 2016 年占比 15.5% 下降到 2018 年的 12.7%。柴油校车为市场的主流，汽油校车比重持续下降，燃气校车逐渐退出市场。我国财政补贴政策主要是鼓励在公交、公务、环卫、邮政、物流等领域推广使用新能源汽车，新能源校车无法获得补贴，2020 年新能源汽车财政补贴又将全面退坡，预计未来几年仍然以柴油校车为主导。

从近三年校车长度段销量来看（图 2-14），5~6m 段销量最大，7~8m 段销量次之，6~7m 段销量位列第三。校车销售的市场化程度较高，各长度段销量基本上反映出实际需求，预计未来几年校车市场仍然以 5~6m 段为主流，7~8m 段销量占比保持相对稳定。

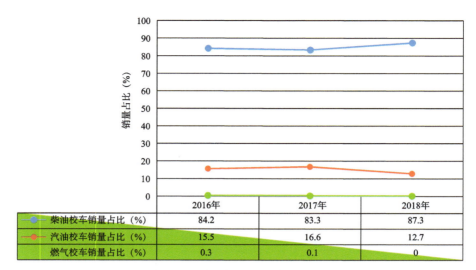

图 2-13 各种燃料校车销量占比

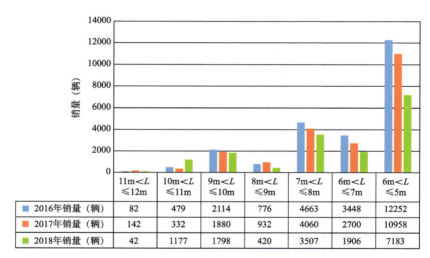

图 2-14 2016—2018 年校车各长度段销量

第五节 客车出口情况

我国客车出口销量经过 2016 年和 2017 年连续两年负增长后，2018 年出口销量逆势增长（图 1-3），有力地推动了客车市场的结构调整。近三年，我国客车出口的主要生产企业变化不大，随着国内客车市场的下行，主要生产企业会加大客车出口的力度，还会有更多生产企业参与客车出口的竞争。

一、客车出口总体概况

2018 年，我国出口各类客车 32935 辆、销售收入 122.5 亿元，与 2017 年相比分别增长 10.6% 和 2.4%。如图 2-15 所示，2018 年公路客车出口同比增长 17.3%，公交客车出口同比下降 12.8%，其他客车出口同比增长 24.7%。见表 2-6，2018 年大型客车（车长＞10m）出口同比下降 6.6%，但每辆车平均价格增长 1.0

万元；中型客车（10m≥车长＞7m）出口同比增长 3.6%，并且每辆车平均价格增长 11.6 万元；大中型客车出口 20570 辆，同比下降 3.9%，但销售收入增长 0.9%。

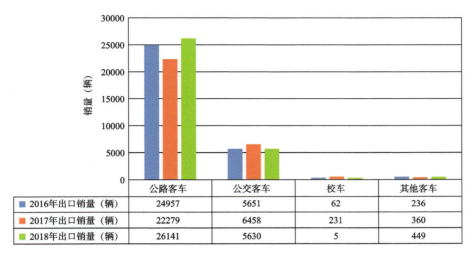

图 2-15　2016—2018 年各类客车出口销量

2016—2018年大中客车出口销量　　　　　　　　　　　　　　　　　表2-6

年份（年）		2016	2017	2018
大型客车	销量（辆）	12953	15699	14658
	平均价格（万元）	65.1	60.1	61.1
中型客车	销量（辆）	5626	5708	5912
	平均价格（万元）	42.3	37.7	49.3

从出口地域来看，我国客车出口主要集中在亚洲、美洲和非洲的国家和地区，其中美洲主要集中在拉美国家（图 2-16）。值得一提的是，许多国家和地区也加速实施客车新能源化，为我国新能源客车出口提供了商机，2018 年出口新能源客车 985 辆，同比增长 174.4%。

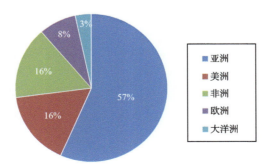

图 2-16　2018 年我国客车出口地区分布情况

二、主要客车出口生产企业

与2017年相比，2018年我国客车出口前10名企业变化不大（图2-17）：厦门金龙在出口销量处于领先地位，但郑州宇通在出口销售收入继续领跑；厦门金旅、苏州金龙、中通客车、珠海银隆等企业同比增长；安徽安凯、北汽福田和江苏九龙等企业同比下滑。

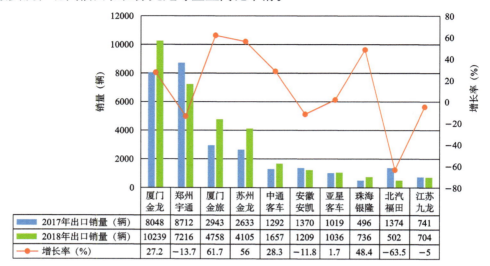

图2-17　2017—2018年主要企业客车出口销量

见表2-7，2018年郑州宇通大型客车出口销量同比下降8.5%，在大客车出口销量中占比36.7%，中型客车出口销量同比下降40.1%，在中客车出口销量中占比28.2%，尽管大中型客车出口销量均有所下滑，但是占比分别名列第一；2018年厦门金龙大中轻型客车出口销量全面增长，同比分别增长30.5%、32.8%、18.9%，轻型客车出口销量占比独占鳌头（64.6%）；2018年厦门金旅大中轻型客车出口销量也是全面增长，同比分别增长30.5%、32.8%、18.9%，大型和轻型客车出口销量占比均排名次席；2018年苏州金龙中型和轻型客车出口销量暴发式增长，同比分别增长167.8%和171.6%，中型客车出口销量占比名列第一。

2017—2018年主要企业各类客车出口销量（辆）　　表2-7

车型	厦门金龙		郑州宇通		厦门金旅		苏州金龙		中通客车		安徽安凯	
	2017年	2018年	2017年	2018年	2017年	2018年	2017年	2018年	2017年	2018年	2017年	2018年
大型	1555	1849	5873	5375	1106	1417	1402	792	1229	1576	1227	980
中型	375	498	2784	1669	197	365	808	2164	63	79	109	193
轻型	6118	7982	55	172	1640	2976	423	1149	0	2	34	36

三、新能源客车出口概况

我国新能源客车出口以整车为主流，KD出口为个别国家进口形式要求。2016—2018年我国新能源客车出口销量分别为142辆、359辆、985辆，2017年和2018年分别增长152.8%和174.4%。主要出口至亚洲、美洲和欧洲等 42 个国家和地区，生产企业包括比亚迪、郑州宇通、南京金龙、厦门金龙、厦门丰泰、中通客车、北汽福田等 28 家。

与 2017 年相比，2018 年我国新能源客车出口前 4 名生产企业变化不大（图 2-18）：比亚迪继续领跑，并且出口销量增长 57.0%；郑州宇通、南京金龙、厦门金龙、中通客车等出口销量爆发式增长；厦门丰泰和北汽福田也实现了批量出口的突破。

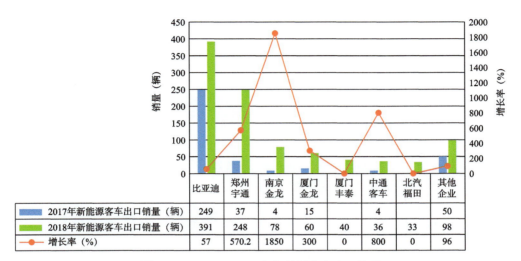

图 2-18　2017—2018 年新能源客车出口销量

与 2017 年相比，2018 年我国新能源客车出口前 20 名国家和地区变化较大，除了美国、以色列分别下滑 24.3% 和 75.9% 外，在其他市场均实现大幅增长或取得销售突破。值得一提的是，在智利和印度均实现大批量销售，分别为 201 辆和 170 辆。

第三章 客车政策、法规、规章、标准

2018年客车行业的发展，特别是客车行驶及营运的安全性，得到了各级政府和行业主管部门的高度重视，并从政策、法规、规章、标准等方面予以规范和引导。在客车标准方面，围绕着提高客车整体技术水平和安全性能开展了卓有成效的工作，制修订了一批涉及客车结构安全、营运安全、燃料消耗量限值、类型划分及等级评定的国家标准和行业标准，对客车行业的健康发展产生了积极的促进作用。

第一节 客车相关政策、法规、规章

今年，交通运输部继续开展道路运输车辆燃料消耗量检测和监督、营运客车类型划分及等级评定、营运客车安全达标管理、道路旅客运输企业安全管理、国家公交都市建设示范工程、推进农村客运公交化改造和加快推进建制村通客车等工作。从2010年开始到2018年4月，道路运输车辆燃料消耗量检测和监督管理信息服务网共计发布了46批包括营运客车在内的道路运输车辆燃料消耗量达标车型公告。2018年5月起，该公告整合到《道路运输车辆达标车型公告》统一发布，不再单独发布。

一、国家实施新能源客车推广应用财政补贴政策

2018年2月，财政部、工业和信息化部、科技部、发展改革委发文调整完善2018年新能源汽车推广应用财政补贴政策。主要调整要点如下。

（1）调整完善推广应用补贴政策。一是提高技术门槛要求。根据动力电池技术进步情况，进一步提高纯电动乘用车、非快充类纯电动客车、专用车动力电池系统能量密度门槛要求，鼓励高性能动力电池应用。二是完善新能源汽车补贴标准。根据成本变化等情况，调整优化新能源乘用车补贴标准，合理降低新能源客车和新能源专用车补贴标准。燃料电池汽车补贴力度保持不变，燃料电池乘用车按燃料电池系统的额定功率进行补贴，燃料电池客车和专用车采用定额补贴方式。鼓励技术水平高、安全可靠的产品推广应用。三是分类调整运营里程要求。对私人购买新能源乘用车、作业类专用车（含环卫车）、党政机关公务用车、民航机场内车辆等申请财政补贴不作运营里程要求。其他类型新能源汽车申请财政补贴的运营里程要求调整为2万km，车辆销售上牌后将按申请拨付一部分补贴资金，达到运营里程要求后全部拨付，补贴标准和技术要求按照车辆获得行驶证年度执行。

（2）进一步加强推广应用监督管理。一是加快完善信息化监管平台。各级行业主管部门牵头，尽快建成企业、地方、国家三级联网的新能源汽车监管平台并发挥作用，动态掌握车辆生产、销售、运行、充电设施运营情况，结合现有管理手段实现对生产准入、目录审核、补贴发放、安全运营、运营里程等环节监管的全覆盖。二是建立与补贴挂钩的整车和电池"一致性"抽检制度。在整车和动力电池生产、销售等环节随机抽查一定比例产品，进行动力电池能量密度、整车能耗等关键参数一致性检测。建立常态化信息发布机制，对抽检产品参数与推荐车型目录内参数值不一致的，根据情节轻重程度，暂停推荐车型目录、按型号扣减或缓拨补贴资金，并按有关规定对相关企业和检测机构给予处罚。三是拓宽监督渠道，夯实监管责任。设立并公开举报电话或网上举报平台，充分发挥社会监督的作用。加大对骗补企业的处罚力度，除依据《财政违法行为处罚处分条例》予以没收违法所得和罚款外，还将视情节轻重采取暂停或取消推荐车型目录、取消补贴资格并纳入"黑名单"等限制性措施。

（3）进一步优化推广应用环境。一是破除地方保护，建立统一市场。各地不得采取任何形式的地方保护措施。对经有关部门认定存在地方保护行为的地方，中央财政将视情节相应扣减充电基础设施奖补资金。地方应不断加大基础设施建设力度和改善新能源汽车使用环境，从2018年起将新能源汽车地方购置补贴资金逐渐转为支持充电基础设施建设和运营、新能源汽车使用和运营等环节。二是落实生产者责任，提高生产销售服务管理水平。企业应进一步落实生产者责任，对自身生产和销售环节加强管理与控制，建立企业监控平台，及时准确上报新能源汽车推广补贴申报信息，确保真实、可查。新能源汽车生产企业应按有关文件要求对消费者提供动力电池等储能装置、驱动电机、电机控制器质量保证。建立新能源汽车安全事故统计和审查机制，对已销售产品存在安全隐患、发生安全事故的，企业应提交产品事故检测报告、后续改进措施等材料。对由于产品质量引起安全事故的车型，视事故性质、严重程度等给予暂停车型推荐目录、暂停企业补贴资格等处罚，并扣减该车型补贴资金。

二、国家实施第6阶段机动车污染物排放标准

为贯彻《中华人民共和国环境保护法》和《中华人民共和国大气污染防治法》，防治污染，保护和改善生态环境，保障人体健康，2016年12月23日，环境保护部发布2016年第79号公告，批准实施《轻型汽车污染物排放限值及测量方法（中国第6阶段）》（GB 18352.6—2016）为国家污染物强制执行排放标准，并由环境保护部与国家质量监督检验检疫总局联合发布，自2020年7月1日起，所有销售和注册登记的轻型汽车应符合该标准的规定。但在2025年7月1日前，第五阶段轻型汽车的"在用符合性检查"仍执行GB 18352.6—2013的相关要求。

2018年6月22日，生态环境部发布2018年第14号公告，批准实施《重型柴油车污染物排放限值及测量方法（中国第6阶段）》（GB 17691—2018）为国家污染物强制执行排放标准，并由生态环境部与国家市场监督管理总局联合发布，该标准自2019年7月1日起实施。

三、交通运输部贯彻落实新版营运客车类型划分及等级评定工作

《营运客车类型划分及等级评定》（JT/T 325—2018）标准，作为交通运输部门对道路客运车辆实施管理的重要基础性标准，对促进道路客运行业健康可持续发展、推动客车产品及其生产行业技术升级、规范道路客运市场经营秩序、改善道路客运安全和服务质量发挥了重要作用。自1997年实施以来，历经1997、2002、2004、2006、2010、2013版本的制修订。

为适应新时代交通运输事业发展新要求，进一步促进道路客运行业高质量发展，交通运输部组织修订了交通行业标准《营运客车类型划分及等级评定》（JT/T 325—2018），对不同类型和等级营运客车的安全性、舒适性及节能环保等方面的性能和结构配置提出了新要求。该标准于2018年8月1日起正式实施。

2018年7月4日，交通运输部办公厅发布《关于贯彻落实交通行业标准〈营运客车类型划分及等级评定〉（JT/T 325—2018）的通知》（交办运〔2018〕83号），要求正确认识和深刻理解JT/T 325—2018新标准修订发布实施的重要意义，将标准要求严格规范地贯彻于生产、经营、管理的各项工作之中，明确要求，提高业务能力，不断增强标准实施的自觉性、严肃性和有效性。同时要求认真组织做好新标准的宣贯培训、优化调整客车等级评定工作，严格规范申报审查和发布程序，积极稳妥做好新标准的平稳过渡工作。

同时，交通运输部决定将客车等级评定和营运客车安全达标车型、燃料消耗量达标车型的评定工作，整合为统一的"道路运输车辆达标车型公告"。自2018年8月1日起，由交通运输部公路科学研究院

作为技术支持单位，负责受理全国高级客车（含公共汽车）的等级评定工作，中级客车仍按原规定进行等级评定。

自2018年8月1日起，所有新车型申报客车等级评定的，一律按照新发布的JT/T 325—2018标准执行，2018年8月1日至2019年4月1日，老车型按照原规定办理道路运输运营手续。自2019年4月1日起，老车型申请办理道路运输运营手续的，一律按照新发布的JT/T 325—2018标准执行。

四、交通运输部开展国家公交都市建设示范工程

2011年11月，交通运输部下发《关于开展国家公交都市建设示范工程有关事项的通知》（交运发〔2011〕635号），决定在全国开展国家"公交都市"建设示范工程。在2018年有更多城市获评。

2018年12月12日，经交通运输部技术组暗访、专家组实地验收，向社会公示等程序，并经综合评审，决定命名北京市、天津市、大连市、苏州市、杭州市、宁波市、郑州市、武汉市、长沙市、广州市、深圳市、银川市为国家公交都市建设示范城市。

五、交通运输部积极推进农村客运公交化改造和加快推进建制村通客车工作

为切实加快推进建制村通客车工作，为全面建成小康社会、服务乡村振兴战略提供坚实的运输服务保障，针对全国仍有2万多个建制村未通客车，部分省份建制村通客车任务还比较重的实际情况，2018年8月16日，交通运输部办公厅发布《关于加快推进建制村通客车有关工作的通知》（交办运〔2018〕109号），从进一步明确建制村通客车条件、加快建立通客车工作目标台账、着力完善农村交通基础设施、优化农村客运运营组织模式、持续提升农村客运安全水平、推动建立财政保障机制和运价政策、加大督导检查投入力度等方面提出了具体要求。

六、交通运输部实施营运客车安全达标车型公告管理

从2017年10月至2018年5月，交通运输部共计发布了5批次营运客车安全达标车型公告。2018年5月起，该公告整合到《道路运输车辆达标车型公告》统一发布，不再单独发布。

七、交通运输部实施道路运输车辆达标公告管理

为加强营运客车车型的一体化管理，做好行业服务工作，切实减轻客车生产企业负担，交通运输部决定自2018年8月1日起，由交通运输部公路科学研究院作为技术支持单位，统筹组织实施营运客车等级评定与安全达标车型、燃料消耗量达标车型评定，实现营运客车等级评定和安全、燃料消耗量达标车型的统一申报、统一审核和统一发布。

将高级客车等级评定的样车现场核查与营运客车安全达标车型的样车现场核查工作合并进行，由汽车检测机构负责实施。汽车检测机构应结合样车检测进行实车核查，并将样车现场核查记录以视频格式上传至道路运输达标车型服务平台，便于抽查监督。中级及以下客车仍按原规定予以等级评定，并将等级评定结果报送至技术支持单位，以便于统一录入道路运输达标车型服务平台，便于用户查询。

自2018年8月1日起，高级客车等级评定结果将与营运客车安全达标车型、燃料消耗量达标车型统一以"道路运输车辆达标车型公告"形式发布。截至2018年底，交通运输部已发布四批次道路运输车辆达标车型公告。

为加强道路运输车辆技术管理，规范道路运输达标车辆参数及配置的核查工作，2018年11月21日，交通运输部办公厅又及时印发了《道路运输达标车辆核查工作规范（试行）》（交办运〔2018〕155号），规范明确县级以上交通运输主管部门或受其委托开展道路运输达标车辆核查工作的机动车检验检测机构，负责本辖区内的道路运输达标车辆的核查工作。规范规定了道路运输达标车辆核查的程序和内容。

第二节 客车标准化管理

2018年我国客车行业的标准化管理工作包括客车标准（国家标准、行业标准）制修订计划的申报以及新发布客车相关标准的宣贯等。

一、客车标准制修订

客车作为广大人民群众出行最主要交通工具之一，加快客车行业标准化进程，提升客车安全性和舒适性，始终是客车分技术委员会的首要任务。

1. 标准制修订情况

2017—2018年，客车分技术委员会标准制修工作重点围绕安全应急、交通行业急需产品标准和服务三个方面开展工作。

已经发布实施的国家标准有《客车结构安全要求》（GB 13094—2017）、《客车灭火装备配置要求》（GB 34655—2017），交通行业标准有《营运客车类型划分及等级评定》（JT/T 325—2018）、《客车CAN总线技术要求》（JT/T 1163—2017）、《客车电涡流缓速器装车性能要求和试验方法》（JT/T 721—2017），汽车行业标准有《汽车底盘集中润滑供油系统》（QC/T 696—2018）、《客车空气净化装置技术条件》（QC/T 1091—2017），《客车座椅约束隔板》（QC/T 1106—2019）将于2020年1月1日起正式实施。

《专用校车系列型谱》（GB/T）、《客车前部结构强度要求及试验方法》（JT/T）、《营运车辆爆胎应急安全装置技术要求》（JT/T）、《城市客车塞拉门》（JT/T）已形成报批稿。

2. 2017—2018年新发布及实施的主要客车标准

2017—2018年国家标准化委员会和交通运输部新发布的涉及客车的主要标准有8项（表3-1）。

2017—2018年新发布及实施的主要客车标准 表3-1

序号	标 准 号	标 准 名 称	发布日期	实施日期	代替标准号
1	JT/T 325—2018	营运客车类型划分及等级评定	2018-05-22	2018-08-01	JT/T 325—2013
2	QC/T 696—2018	汽车底盘集中润滑供油系统	2018-04-30	2018-09-01	QC/T 696—2011
3	GB 7258—2017	机动车运行安全技术条件	2017-09-29	2018-01-01	GB 7258—2012
4	GB 13094—2017	客车结构安全要求	2017-10-14	2018-01-01	GB13094—2007 GB18986—2003 GB19950—2005

续上表

序号	标准号	标准名称	发布日期	实施日期	代替标准号
5	GB 34655—2017	客车灭火装置配置要求	2017-10-14	2018-01-01	新制定
6	QC/T 1091—2017	客车空气净化装置技术条件	2017-04-12	2017-10-01	新制定
7	JT/T 721—2017	客车电涡流缓速器装车性能要求和试验方法	2017-09-29	2018-02-01	JT/T 721—2008
8	JT/T 1163—2017	客车CAN总线技术规范	2017-09-29	2018-02-01	新制定

其中《客车结构安全要求》（GB 13094—2017）、《客车灭火装置配置要求》、《机动车运行安全技术条件》在《中国客车行业发展报告（2017年版）》中进行了详细介绍，现仅对《营运客车类型划分及等级评定》（JT/T 325—2018）的主要修订内容进行介绍。同时发布中国客车安全评价规程（C-SCAP）的评选结果。

1）《营运客车类型划分及等级评定》（JT/T 325—2018）

《营运客车类型划分及等级评定》（JT/T 325—2018）于2018年5月22日发布，2018年8月1日起正式实施，该标准是对《营运客车类型划分及等级评定》（JT/T 325—2013）的修订和代替。

JT/T 325—2018规定了营运客车的类型和等级划分评定，以及等级评定的内容、规则和要求，适用于经营性道路旅客运输的M_2、M_3类中的B级、Ⅲ级客车和乘用车的等级评定。

该标准的主要修订内容有：

（1）修改了范围、术语"营运客车"的定义、乘用车等级划分及评定内容、乘用车评定必要条件、非金属材料阻燃性能要求的参照标准，以及单胎车轮胎压监测报警系统、无内胎子午线轮胎、前后桥盘式制动器ABS（一类）、空气净化装置、CAN总线、车内噪声、应急出口等的要求。

（2）增加了乘用车的规定，混合动力客车和纯电动客车续驶里程、纯电动客车动力系统总质量、车外顶置行李架的规定，客车安全性能、客车驾驶区、客车安全标志、客车标明座位数、客车空气质量、客车制动储气筒气压、客车应急锤及其配置、客车安全顶窗、停车楔、客车座椅测量、客车配备灭火装置的要求，以及乘客门结构和数量、应急门、外推式应急窗、安全顶窗、自动紧急制动系统（AEBS）、车道偏离预警系统（LDWS）、电子稳定性控制系统（ESC）、爆胎应急安全装置等的要求。

（3）删除了营业客车质量保质期、发动机排放的规定，以及子午线轮胎等的要求。

2）中国客车安全评价规程（C-SCAP）

2017年7月，由中国公路学会客车分会、重庆车辆检测研究院有限公司、中国交通报社、清华大学（汽车工程系）联合成立的客车安全评价管理中心在北京正式发布《中国客车安全评价规程》（C-SCAP）。

C-SCAP从制动安全、稳定安全、结构安全、保护安全四个维度，选取最具代表客车安全性能的关键项目，既包括制动、操稳、整车倾翻、座椅结构性能等传统安全项目，也包括AEB、ESC等先进主动安全技术，并从引领新技术、新装备应用的角度设置了加分项。

规程发布后，客车龙头生产企业积极响应，踊跃报名参与。中国客车安全评价管理中心严格按照受理、计划、测试和审核流程，独立、客观、公正地对多家企业的多个主力车型开展了第一轮测评工作。截至2018年5月22日，最终有郑州宇通的ZK6128H型客车、厦门金旅的领航者XML6129J15S1型客车、厦门金龙的龙威Ⅱ代（XMQ6127CY型客车）的三个车型安全技术水平较高，整体表现优异，获得五星级评价。

二、客车标准的宣贯活动

2018年7月2日—27日，客标委组织开展了2018年版《营运客车类型划分及等级评定》标准的宣贯活动，组织编写了《营运客车类型划分及等级评定》（JT/T 325—2018）标准培训资料，分别在沈阳、兰州和长沙分四期集中举办了标准宣贯培训会，来自全国24个省（市）各级运输管理部门、客车生产企业、道路旅客运输企业、运输车辆检测机构、零部件生产企业等500多位代表参加会议。另外，按照交通运输部运输服务司的安排，客标委还派出专家为广东、海南、内蒙古、河北、宁夏五个省作了新标准的讲解和指导工作。

第三节　营运客车市场准入管理

从2018年8月1日起，交通运输部决定统筹组织实施客车等级评定、燃料消耗量达标车型和营运汽车安全达标车型的评定工作，调整整合为道路运输车辆达标车型公告管理。

一、营运客车安全达标车型公告

2018年1月至2018年5月，交通运输部运输服务司分别在交通运输部网站和道路运输车辆燃料消耗量检测和监督管理信息服务网上发布了4批"营运客车安全达标车型公告"（表3-2），合计营运客车安全达标车型有971个，供各级道路运输管理机构在办理营运客车手续时核查使用。根据交通运输部要求，自2018年8月1日起，营运客车安全达标车型将与客车等级评定和燃料消耗量达标车型等统一以"道路运输车辆达标车型公告"形式发布。

营运客车安全达标车型统计　　　　　　　　　　表3-2

批　次	发布日期	达标车型数量（个）	申报企业数量（家）
3	2018-01-11	334	36
4	2018-03-03	41	12
5	2018-04-14	174	30
6	2018-05-15	422	32

二、道路运输车辆燃料消耗量达标车型公告

2018年，交通运输部网站和道路运输车辆燃料消耗量检测和监督管理信息服务网发布了包括营运客车在内的1批（第46批）道路运输车辆燃料消耗量达标车型表，营运客车燃料消耗量达标车型数为89个（表3-3）。根据交通运输部要求，自2018年8月1日起，燃料消耗量达标车型将与营运客车安全达标车型等统一以"道路运输车辆达标车型公告"形式发布。

2018年营运客车燃料消耗量达标车型统计　　　　　表3-3

批　次	发布日期	达标车型数量（个）	申报企业数量（家）
46	2018-04-14	89	18

三、营运客车类型划分及等级评定

自 2000 年 8 月发布第 1 批《高级客车类型划分及等级评定表》至今，中国公路学会客车分会，作为"营运客车类型划分及等级评定工作"的技术支持单位，协同各省、市、自治区的道路运输管理部门制修订 7 个版本的 JT/T 325 标准。截至 2018 年底，评定发布高级客车等级共 61 批次，申报客车企业累计达 120 家，其中发布高级营运客车等级 11941 个车型、中级营运客车等级 5689 个车型，合计发布 17639 个车型，现在有效的高级营运客车等级 3023 个车型、中级营运客车等级 2739 个车型。

2018 年 1 月至 2018 年 8 月，交通运输部共计发布了三批"高级客车（含公共汽车）类型划分及等级评定表"（表 3-4），高级客车（含公共汽车）合计为 91 个车型。

根据交通运输部办公厅《关于贯彻落实交通运输行业标准〈营运客车类型划分及等级评定〉（JT/T 325—2018）的通知》（交办运〔2018〕83 号）精神，自 2018 年 8 月 1 日起，高级客车等级评定结果将逐步与营运客车安全达标车型、燃料消耗量达标车型统一以"道路运输车辆达标车型公告"形式发布。

高级客车（含公共汽车）类型划分及等级评定统计　　表3-4

批　　次	发　布　日　期	高级客车车型数量（个）	申报企业数量（家）
59	2018－01－12	41	12
60	2018－02－09	13	10
61	2018－08－02	37	11

四、道路运输车辆达标车型公告

为进一步推进道路运输车辆准入制度改革，更好服务广大车辆生产企业和运输经营者，根据《中华人民共和国道路运输条例》《道路运输车辆燃料消耗量检测和监督管理办法》（交通运输部令 2009 年第 11 号）《交通运输部办公厅关于贯彻落实交通运输行业标准〈营运客车安全技术条件〉（JT/T 1094—2016）的通知》（交办运〔2017〕31 号）等有关规定，交通运输部决定将道路运输车辆燃料消耗量达标车型与道路运输车辆安全达标车型调整合并为道路运输车辆达标车型实施管理。

2018 年 8—12 月，交通运输部已发布了四批次道路运输车辆达标车型公告（表 3-5），合计道路运输车辆达标车型数为 736 个，达标车型均已符合燃料消耗量和安全达标车型要求。

道路运输车辆达标车型统计　　表3-5

批　　次	发　布　日　期	道路运输车辆达标车型数量（个）	申报企业数量（家）
1	2018－08－06	291	39
2	2018－10－15	275	36
3	2018－11－14	46	12
4	2018－12－21	124	27

第四节　客车出口认证检测

在《中国客车行业发展报告（2017版）》中，对欧盟出口认证检测E-mark和澳大利亚的出口认证检测体系（ADR）进行了介绍，并且对涉及客车部分的法规与国内相关公告的检测项目进行了对比，着重分析了差异之处。今年报告聚焦东盟国家出口认证体系，将对东盟国家的认证检测进行简要介绍，包括政府管理机构、认证范围、认证流程等。

东盟的全称为东南亚国家联盟，共包括十个国家。即老挝、柬埔寨、缅甸、泰国、越南、马来西亚、新加坡、文莱、菲律宾和印度尼西亚。整个东盟市场不仅地域广阔，而且人口众多。如其中印度尼西亚人口达2.35亿人，为世界第四人口大国。因此东盟成为目前世界上仅次于欧盟和北美自由贸易区的第三大自由贸易区。

但由于东盟各国之间经济发展极其不平衡，在汽车产业和市场方面，各个国家发展水平也差距甚大。像新加坡这样的国家已经跨入发达国家行列，而老挝、柬埔寨在经济上却还很落后。经济上的差异决定了各国的汽车政策也各不相同。如泰国通过吸引国际跨国汽车公司投资建厂，目前已发展成为出口导向型国家。是目前世界上最大的皮卡生产出口基地，马来西亚拥有东盟地区最大的民族汽车产业，而老挝、柬埔寨等国的汽车工业要落后得多。在对汽车市场的管理上，各国同样采用不同的市场准入管理制度、不同的汽车技术法规体系，彼此之间差距也较大。如在对汽车排放控制方面，新加坡已经跨入欧Ⅴ排放标准。而有的国家才刚刚进入欧Ⅱ阶段。此外，东盟各国对汽车产品实施不同的税费政策，差距也较大。新加坡同中国的香港地区一样，是国际上著名的自由港，对汽车产品早已实施零关税，而其他国家则对进入其市场的汽车产品征收不同程度的税费。

由此可见，东盟市场是尚在发展中的一体化市场，在某些领域，不如拉美地区的南美共同体市场和安第斯共同体市场等这样的一体化市场。当然，也应看到，东盟一体化市场的发展很快，潜力也很大，如在汽车产品的市场税费上，自2010年1月1日起，东盟的6个老成员国（泰国、马来西亚、新加坡、文莱、菲律宾和印度尼西亚）之间对包括汽车产品在内的所有商品彼此实施零关税，2015年东盟各国建立了统一汽车产品市场准入管理制度和技术法规体系。

到目前为止，东盟还没有对汽车产品建立统一、系统的市场准入管理制度，各国仍处于"各自为政"的状态。包括对汽车产品的认证和技术法规体系，各国互不相同、互不认同，中国企业目前开拓东盟市场，还需要针对各国的情况分头应对。

东盟十国负责车辆产品市场准入管理的政府机构见表3-6。

东盟十国负责车辆产品市场准入管理的政府机构　　　　　　　表3-6

序号	国　家	政　府　机　构
1	泰国	陆路运输部（DLT）汽车工程局 泰国工业标准研究院汽车零部件认证
2	越南	运输部注册局
3	马来西亚	陆路运输部运输司车辆型式批准委员会 标准与工业研究院汽车零部件认证
4	印度尼西亚	陆路运输部运输总局环境部
5	菲律宾	交通运输部陆路运输办公室环境与自然资源部环境管理局 贸易和工业部产品标准局

续上表

序　号	国　　家	政　府　机　构
6	老挝	公共工作和运输部科学技术与环境局工商部
7	柬埔寨	公共工作和运输部陆路运输司
8	缅甸	联邦铁道部道路运输管理局 第二工业部汽车与柴油发动机工业公司
9	文莱	陆路运输局
10	新加坡	陆路运输管理局国家环境署

一、泰国 TISI 认证体系

泰国的汽车产品认证体系由《工业产品标准法》所确立，该法规授权泰国工业标准协会（TISI）负责泰国的认证工作。TISI 既是泰国的强制认证的政府主管机构，又是标准制定与管理机构、认证机构，同时还是实验室认可、人员培训与注册机构。值得注意的是，泰国没有非政府的强制性认证机构。

1.TISI 认证机构

泰国工业标准协会（Thai Industrial Standards Institute，TISI）是应政府、商业及社会需求而产生的致力于标准化、国际化发展的机构，旨在增强竞争力。其方针是在工业领域推广标准化，保证工业的发展和进步，使企业、消费者及国家利益达到最大化。其目标为保护消费者，保护环境及自然资源，发展工业，提高国际竞争力；保证公平贸易，并消除标准化检测造成的贸易壁垒。

2.TISI 认证的范围

泰国的 TISI 认证制度可以分为强制认证和自愿认证。

泰国政府要求实行强制性认证的产品有 60 个大类，涉及 8 个领域，其中包括：电气设备和附件，医疗设备，建筑材料，日用消费品，车辆，PVC 管，LPG 燃气容器，农产品。除此之外。其他类别产品的认证都属于自愿性认证。同时泰国属于东盟国家。按照自贸协定，中国部分商品出口到泰国已经实现零关税。

二、越南汽车产品认证体系

1.越南车辆型式认证机构

越南的汽车产品市场准入管理由越南注册部门 MOT 完成，主要负责检验文件，对车辆样品进行试验。

2.越南车辆型式认证依据

对于客车的市场准入，需要满足交通部部长颁布的关于进口机动车辆检验规范的 2005 年 7 月 21 日第 35/2005/QS-BGTVT 号决定。

3.越南进口车辆型式认证流程

越南进口车辆的认证流程如图 3-1 所示。

4.越南车辆型式认证体系检验步骤

图 3-2 描述了越南对车辆进行检验的具体步骤及管理负责机构。

三、马来西亚汽车产品认证体系

马来西亚汽车产品认证体系拥有本国制定的一系列技术法规（MS），同时由于加入了联合国《1958

年协定书》和《1998年协定书》，也对符合欧盟ECE法规的汽车产品放开市场。

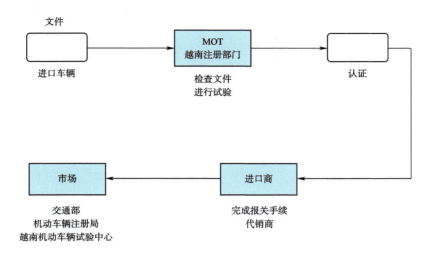

图 3-1　越南进口车辆型式认证体系

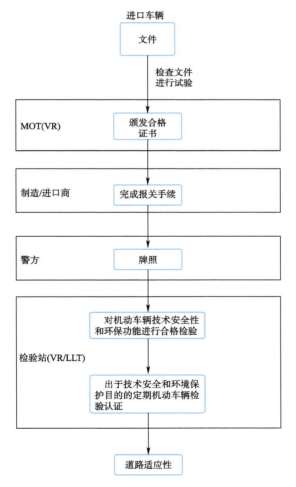

图 3-2　越南对车辆进行检验的具体步骤及管理负责机构

1.汽车产品准入管理的机构

马来西亚在汽车产品的市场准入管理上的具体负责部门为马来西亚运输部道路运输司,该司专门设有汽车工程处具体开展相关工作。由道路运输司牵头,会同马来西亚其他与汽车产业及产品管理相关的其他政府机关,针对车辆的市场准入曾专门成立了"马来西亚国家型式批准委员会",以确保对汽车产品的市场准入管理和参加WP29工作、履行联合国《1958年协定书》和《1998年协定书》缔约方的相关义务与职责。

马来西亚国家型式批准委员会的主席由马来西亚运输部道路运输司司长担任,秘书处设在道路运输司汽车工程处,该委员会的组成部门除了马来西亚运输部和下属的道路运输司外,还包括如下相关部门:

(1) 马来西亚标准与工业研究院,简称SIRIM。该机构是马来西亚专门负责产品认证的机构(大部分为自愿性认证,也有少部分为涉及安全、环保领域的强制性认证),通过SIRIM认证的产品粘贴S1RIM认证标签,表示产品满足马来西亚相关的标准要求。

(2) 马来西亚国际贸易与工业部,简称MITI,该部门主要负责国际贸易与工业(包括汽车产业)的发展,包括战略规划、具体的管理、监督和相关立法工作,马来西亚的汽车产业政策即由该部门负责制定发布。

(3) 马来西亚环境部,涉及汽车的污染与噪声的控制。

(4) 马来西亚标准局。

(5) 马来西亚道路安全研究所,简称M1R0S,该研究所成立于2007年1月1日,主要针对车辆(主要包括汽车、摩托车)使用的安全性(包括道路交通事故)进行调查、研究和分析工作,为政府主管部门制定相关政策和标准、技术法规提供技术支持和相关建议,同时开展车辆安全的相关宣传、培训工作。

(6) 马来西亚的车辆检验机构PUSPAKOM,被马来西亚政府授权开展"道路运输法"中规定的强制性车辆检验工作。

(7) 马来西亚海关。

(8) 马来西亚国内贸易部。

根据马来西亚的汽车产品准入管理制度,从2005年起,要求所有进入马来西亚市场的新车型必须通过运输部道路运输司的型式试验和批准。完成整个型式批准流程的周期最少为20个工作日。

2.汽车产品型式批准制度

马来西亚在对汽车产品的准入管理上,基本上采取与国际惯例相协调的车辆型式批准体制。

马来西亚的汽车产品型式批准制度通过近几年的发展,呈现出如下特点:

(1) 国家型式批准委员会的权力和作用越来越大,最终必须得到该委员会的批准,车辆才能获得型式批准。

(2) 企业在申请车辆型式批准时,在申请材料中企业应列明所使用或满足的技术法规。

(3) 完全按ECE汽车法规(ECER.E.3)和欧盟的整车型式批准框架技术指令2007/46/EC进行类型划分和定义,即将车辆划分为M、N、O和L类。

(4) 马来西亚汽车型式批准制度的发展方向已明确在制度中,将采用ECE单项法规。

(5) 同时,由于马来西亚签署了联合国WP29的《1958年协定书》,因此对于所有满足该协定书框架下的ECE法现,已获得ECE型式批准,带有E标志的汽车等部件和系统,马来西亚予以承认,视同其符合马来西亚自身的技术法规和标准(MS标准),可直接进入其市场。对于其他国家的整车型式批准,如果其单项项目满足ECE法规要求,则同样承认该整车批准。

3. 汽车技术法规

马来西亚汽车技术法规中与客车相关的标准见表3-7。

马来西亚汽车技术法规　　　　　　　　　　　　　　　　　　　表3-7

编　号	法　规　名　称
LN170/1959	马来西亚机动车辆法，1959（结构和使用）
LN173/1959	商用车辆的质量与尺寸
LN166/1959	道路运输法，1959
P.U.（A）414/1977	机动车辆法，1977（烟度和气体排放的控制）
P.U.（A）378/1978	机动车辆法，1978（座椅安全带）
P.U.（A）392/1982	机动车辆法，1982（结构，装备和使用）（液化石油气燃料在机动车辆中使用）。被P.U.（A）29/1984修改
P.U.（A）244/1987	环境质量法规，1987（机动车辆噪声）
P.U.（A）437/1987	学校大客车法，1987（颜色和标志）
P.U.（A）25/1989	机动车辆法，1989（速度限制）
P.U.（A）39/1991	机动车辆法，1991（禁止使用类型的玻璃）
P.U.（A）92/1998	机动车辆法，1998（速度监测装置）（结构、装备和使用）
P.U.（A）429/1996	环境应量法规.1996（柴油发动机排放的控制）
P.U.（A）543/1996	环境应量法规.1996（汽油发动机排放的控制）

四、印度尼西亚汽车产品认证体系

印度尼西亚的标准化主管部门是印度尼西亚国家标准总局（Badan Standardisasi Nasional，BSN），该局由2001年第103号总统法令批准成立，取代原印度尼西亚标准化委员会（Standardization Council of Indonesia，DSN），属于非政府机构，其主要职责是发展和促进印度尼西亚的标准化。

BSN负责起草、制定、颁布、实施和协调印度尼西亚国家标准（SNI）并采取以下措施确保SNI技术标准在国内的地位：将SNI技术标准采编入技术法规；其他标准化机构、政府部门和国家认证认可委员会配合BSN完善SNI技术标准；组建印度尼西亚标准协会（MASTAN）来促进SNI的应用；通过应用SNI技术标准，政府开始接受并采用国际上的一些认证体系，如国际实验室认可组织（ILAC）、亚洲—太平洋实验室认可合作组织（APLAC）等。

BSN标准化战略：

（1）重新组建印度尼西亚国家标准技术委员会。
（2）组建新的印度尼西亚标准协会（MASTAN）。
（3）通过MASTAN扩大国内有关部门对标准化工作的参与。
（4）对现有的印度尼西亚国家SNI技术标准进行修订，促进SNI采用国际标准，以提高印度尼西亚国家标准SNI技术标准水平。
（5）参与东盟成员国"技术标准协调（一致性）"计划，代表印度尼西亚参与国际标准化活动。

（6）设立印度尼西亚国家标准SNI标准技术委员会，促进印度尼西亚国家标准SNI技术标准的发展。

1.标准入管理的执行机构

BSN所有关于认可和认证的活动都是由印度尼西亚国家认可委员会（KAN）去执行，全名为National Accreditation Committee of Indonesia。KAN的主要任务是认可认证机构（例如质量体系、产品、公司、培训、环境管理体系、HACCP体系和森林保护管理体系），实验室和其他符合要求的认证监管认可机构，并协助BSN完成对认可和认证体系的建立和完善。KAN被授权根据BSN评估认证申请来指导所有政府和非政府机构进行认证。KAN也负责对其认可的实验室和认证机构颁发的证书进行国际认可。

KAN认可的认证机构会负责处理国内厂家的认证申请，审核所有申请文件，对产品样品进行测试并审核相关测试报告。目前印度尼西亚与中国还没有互认协议（Mutual Recognition Arrangement），所以不认可中国国内实验室对产品的测试，测试也不能在中国国内实验室进行。

2.印度尼西亚国家标准（SNI）介绍

印度尼西亚国家标准（Standard National Indonesia，SNI）是唯一在印度尼西亚国内适用的标准，SNI标准由技术委员会制定并由印度尼西亚国家标准局定义。

SNI的制定遵循了WTO公开透明公平合作发展的原则，维护了消费者的利益并促进了产业进步.印度尼西亚国家标准SNI中，有90%为推荐性标准，10%为强制性标准。所有出口到印度尼西亚的管制产品都必须有SNI标志，否则不能进入印尼市场。

五、菲律宾汽车产品认证体系

1.车辆认证管辖机构

菲律宾的车辆认证管辖机构有三个，分别是菲律宾工贸部（Department of Trade and Industry，DTI），菲律宾产品标准局（Bureau of Product Standards，BPS）和DTI区域办公室，获得认可的认证测试和审核机构。

菲律宾产品认证体系是由菲律宾产品标准局（BPS）下属的产品认证处（又称行动五处）负责管理和执行，BPS的职能包括：

（1）制定菲律宾国家标准；根据国际标准制定菲律宾国家标准；认可测试，检验和认证机构；审核员的注册。

（2）通过发布、会议和培训推广菲律宾国家标准在菲律宾的实施。

（3）发布PS认证的计划、指南和程序。

（4）按照PS标识认证程序对国内外公司申请者进行一致性审核或监督审核。

（5）指定官方认可国家标准机构、审核机构、认证机构和个人。

（6）通过与国家标准机构、审核和认证机构之间建立双边协议，从而促使PS标识认证程序在国外的实施。

（7）组建顾问委员会。

（8）为了促进样品抽样，测试或审核活动，必要时与公司或个人建立协议。

（9）通过与DTI地区或省办公室的协调，进行一致性审核或监管审核。

（10）通过与DTI地区或省办公室的协调，按照PS标识认证程序对强制管制产品进行市场监管。

（11）对符合标准规定机构授予PS标识使用证书。

（12）收取费用含审核、测试和认证服务费，差旅、食宿、样品运费等。

（13）阐述解释PS标识认证程序的有关规定。

（14）暂停、撤销或吊销PS标识使用权利。

（15）要求申请者递交相应文件以证明申请者产品生产、销售和处理都符合相关规定。

（16）依照PS标识认证程序，按国际标准认可测试、审核和认证机构。

（17）保留能进行一致性评估的审核员清单。

（18）留存和发布以下注册信息：

①通过PS认证的公司。

②获得授权的认证、测试和审核机构。

（19）留存合格审核员清单，以便对公众发布。

（20）为申请者机密信息保密。

（21）参加区域或国际组织，以使审核员和PS认证制度升级。

（22）在符合菲律宾法律或国际条款的情况下，与国外国际机构沟通以使其认可PS认证制度。

2. 车辆认证的种类

菲律宾实施两种认证制度，对进口产品，实施ICC许可证制度，对于国内生产的产品除实施强制性的安全认证外，还实行产品安全认证。

菲律宾产品的强制性认证制度有以下两种。

（1）菲律宾标准认证体系（Philippine Standards Certification Scheme，PS体系）。

该体系适用于在菲律宾国内生产的产品。产品经过评价符合菲律宾国家标准（PNS）或国际上普遍接受的国外标准（如IEC标准）后，菲律宾产品标准局（BPS）将会给生产商颁发PS许可证书，有了该证书，生产商才可以在产品包装上加贴PS产品安全标志或PS产品质量标志，方能进入市场。

（2）进口商品许可证体系（Import Commodity Clearance，ICC）。

ICC体系适用于进口商品，对于进口的属于强制性菲律宾国家标准（PNS）覆盖范围内的产品，进口货物经过菲律宾产品标准局（BPS）评价满足对应的菲律宾国家标准或国际上普遍接受的国外标准要求后，BPS将给产品的进口商颁发ICC许可证书，准许其使用ICC标志，进口产品要接受抽样检测。此外，菲律宾还会进行市场随机抽样检查，以确保进口商品满足对应的PS标准要求。

有些产品需要进行遇机性认证，例如充气轮胎、内胎、安全带、制动液、铅酸蓄电池、汽车玻璃、汽车液化石油气罐及汽车用转换器。

3. 车辆认证的依据

客车产品管制标准清单见表3-8。

客车产品管制标准清单　　　　　　表3-8

编　号	标　准　号	标　准
1	PNS239/MVSS 116：1988	机动车制动液
2	PNS 34 s 2000	车辆充气轮胎内胎
3	PNS 06：1987	铅酸蓄电池
4	PNS 1892：2000	道路车辆安全带及约束系统
5	PNS 130：1988	汽车安全玻璃
6	PNS 25：1944	车辆充气轮胎

4. 认证的流程

图3-3所示为菲律宾汽车产品认证流程。

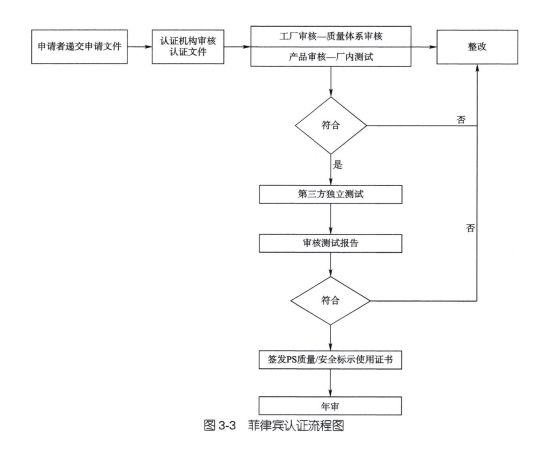

图 3-3 菲律宾认证流程图

六、老挝汽车产品准入制度

老挝没有本国的汽车工业，全部汽车依赖进口，对进口商品实行进口许可证管理，近几年，中国的奇瑞、比亚迪、长城、力帆等企业相继进入老挝市场，但由于其国家特点，其交通运输主要依靠改装的二手车作为中长途客货两用的运输工具，市场上的车型主要有MPV、SUV、皮卡和轿车。因此来自中国的小排量、低价位的新款轿车在老挝前景看好，而受制于交通基础设施的建设，客车的进口在老挝是十分罕见的。

七、柬埔寨汽车产品准入制度

柬埔寨目前没有建立汽车工业，全部汽车依赖进口，目前全国共有运输车辆20万辆（不含摩托车），其中有3万~5万辆没有在政府部门登记。这能看出柬埔寨的汽车市场管理还处于比较初级的阶段。

柬埔寨实行市场经济，对汽车进口没有准入限制，汽车及零部件进口和销售也没有数量限制。但是柬埔寨对车辆进口整车的税率较高，为15%~30%，对于客车进口，其税率规定，"载客超过10人，自重6~8t的客车"，进口关税为15%，营业税为10%，增值税为1%。

同时，柬埔寨口岸有通关规定，所有商品出口到柬埔寨，必须取得进口许可证，一般情况下，由国家核准的对外贸易公司负责。

八、缅甸汽车产品准入制度

在2010年前，缅甸严格控制汽车进口，通过进口许可证作为手段，汽车年进口量约为3000辆，同时大部分为缅甸政府进口的货车、客车与专用车辆，私人乘用车数量极少。

2011年，缅甸政府全面解禁汽车进口政策，因此缅甸的汽车保有量迎来了快速增长阶段，据统计，目前缅甸全国有200万辆机动车，公共汽车1.9万辆，摩托车目前在交通运输中占据首要位置，其保有量超过160万辆。目前，缅甸政府正在酝酿逐步放开对汽车生产资质的限制，但目前已批准车型主要集中在各类型货车。

九、文莱汽车产品准入制度

文莱是东南亚国土面积最小的国家之一，是东盟最早的6个成员国之一，与印度尼西亚、马来西亚、新加坡、菲律宾、泰国并称为东盟"老成员国"。

截至2011年底，在文莱注册的机动车数量为148186辆，按全国人口408786人计算，平均每2.76人就拥有一辆机动车。根据世界银行排名，文莱位居世界第9位，但按照《经济学人》的数据，文莱每千人拥有汽车数量691，不论如何，文莱的人均汽车保有量很高，而其公共交通汽车、公路客车的保有量很低。这一方面是由于文莱购车贷款便利、条件优惠，使得购车负担较轻，同时也有公共交通设施不足、油价便宜等因素。

文莱是《协调制度公约》的正式成员，履行成员的全部义务，1996年文莱加入WTO后，采用世界贸易组织标准对进口货物征税，文莱是个低关税国家，总体上讲，文莱实行的是自由贸易政策，在1995年即宣布降低650种进口税的重大举措，成为东盟成员中第二个实现0~5%税率的国家。目前文莱实行的是对东盟成员国除汽车和极少量产品外最高税率为5%，对汽车征收20%的关税。

十、新加坡汽车产品准入制度

新加坡面积只有710km^2，人口密度却达到每平方公里7200人，为减少交通拥堵，保持城市相对宽松度，新加坡对乘用车保有量严格控制，大力发展包括城市公交在内的公共交通。根据新加坡交通部的要求，所有进入新加坡的车辆，必须首先完成法规规定的测试，此后还要完成车辆的登记注册，其测试法规为EEC体系。目前中国汽车品牌，如金龙、吉利等均已进入新加坡市场。

第四章　客车人才教育

目前，我国汽车技术型人才培养主要由高等院校和职业院校培养，全国470多所院校开设近20个与汽车相关的专业，每年培养博士研究生、硕士研究生、本科、高职等各种学历人才超过10万人。近几年，高等院校和职业院校汽车相关专业招生人数明显增加，就业人数也在不断地提升。

第一节　高等院校汽车人才教育概况

2018年，全国开设有汽车类相关专业的高等院校数量和招生规模仍在持续增加，其中涵盖了车辆工程、交通工程、能源与动力工程、汽车服务工程、交通安全工程以及市场营销与物流工程等不同的专业方向，有部分院校还对专业做出了调整。高等院校人才就业人数和就业率呈稳步提升态势，人才深造率在持续增加的基础上呈现出多样化，人才就业面也更加宽广。

一、高等院校概况

截至2018年底，全国汽车类高等院校共有259所，开设了包括交通工程、车辆工程、能源与动力工程、汽车服务工程、交通安全工程、市场营销与物流工程等6个方向的专业。其中"世界一流大学建设"高校21所，"世界一流学科建设"高校44所，"一本"院校91所，"二本""三本"院校124所，具有硕士点的高校有81所，具有博士点的高校有39所。共有196所院校开设了车辆工程专业，其中"世界一流大学建设"高校有21所，"世界一流学科建设"高校有42所，"一本"院校有79所，"二本""三本"院校有75所。开设汽车类相关专业的"世界一流学科建设"高校中有20所是"985工程"高校，44所是"211工程"高校，开设车辆工程专业的"世界一流学科建设"高校中有20所"985"、42所"211"。开设新能源车辆方向研究的高校有26所，占总体比例为13%，具体情况如图4-1~图4-3所示。

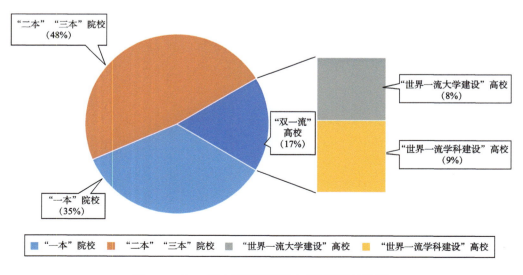

图 4-1　2018 年全国汽车相关专业开设院校比例

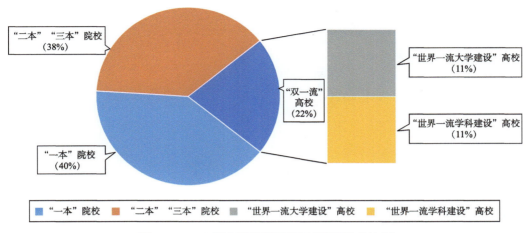

图 4-2　2018 年全国车辆工程专业开设院校比例

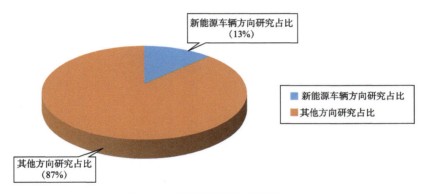

图 4-3　新能源车辆方向研究占比

2018 年，全国汽车相关专业院校招生总人数 46996 人，其中本科招生人数 41756 人，硕士研究生招生人数 4872 人，博士研究生招生人数 368 人，其中部分本科院校汽车专业教育情况见表 4-1。

2018年部分本科院校汽车专业教育情况　　　　　表4-1

院校（系、机构）名称	博士研究生（人）			硕士研究生（人）			本科生（人）		
	招生	毕业	在校	招生	毕业	在校	招生	毕业	在校
清华大学车辆与运载学院	28	23	70	58	34	159	120	105	472
吉林大学汽车工程学院	51	45	230	350	262	920	450	495	2035
同济大学汽车学院	42	26	196	208	174	597	213	206	1232
北京理工大学机械与车辆学院	96	76	340	342	310	972	495	488	1967
华南理工大学机械与汽车工程学院	70	28	230	358	310	985	620	574	2448
湖南大学机械与运载工程学院	85	26	340	488	380	1269	418	444	1724

续上表

院校（系、机构）名称	博士研究生（人）			硕士研究生（人）			本科生（人）		
	招生	毕业	在校	招生	毕业	在校	招生	毕业	在校
武汉理工大学汽车工程学院	29	7	76	135	185	468	501	492	1986
长安大学汽车学院	18	21	125	240	209	600	555	623	2410
重庆大学汽车工程学院	19	11	62	74	126	300	156	143	600
合肥工业大学汽车与交通工程学院	8	5	32	189	148	454	401	390	2035
江苏大学汽车与交通工程学院	16	12	56	249	163	618	376	418	1588
西安科技大学机械工程学院	3	4	15	80	67	220	507	425	1864
重庆交通大学机电与车辆工程学院	—	—	—	135	105	360	683	660	2686
山东交通学院汽车工程学院	—	—	—	—	—	—	377	609	1972

清华大学是国家"211工程""985工程""世界一流大学和一流学科建设"高校，原汽车工程系设有1个本科车辆工程专业，包括汽车底盘、汽车发动机、汽车车型与车身设计3个专业方向；车辆工程和动力机械及工程2个工学硕士、专业硕士和博士学位授权点；车辆工程和动力机械及工程2个博士后流动站，其中，车辆工程和动力机械及工程是国家重点学科。2018年底清华大学新成立车辆与运载学院，学院下设4个研究所，形成"一院四所"布局。"四所"分别为车辆动力工程研究所、汽车工程研究所、智能出行研究所和特种车辆与动力研究所。"四所"覆盖了内燃动力、新型动力、交通能源、汽车设计、汽车动力学、汽车安全、产业战略、智能汽车、车路协同、智慧信号、智能出行、特种车辆、特种动力、新型装备等学科方向。

吉林大学是国家"世界一流大学和一流学科建设""211工程""985工程"高校，汽车工程学院设有车辆工程、工业设计（汽车造型）、工业设计（车身工程）、热能与动力工程（汽车发动机）和热能与动力工程（热能工程）5个本科专业；车辆工程和动力机械及工程2个博士后流动站；车辆工程、动力机械及工程和车身工程3个博士学位授权点；车辆工程、动力机械及工程、车身工程、热能工程、设计艺术学、流体力学和工程热物理7个工学硕士学位授权点，车辆工程、动力工程及工程热物理和工业设计工程3个专业硕士学位授权点。其中，车辆工程是首批国家重点学科、国家重点实验室、国家特色专业。

同济大学是国家"世界一流大学和一流学科建设""211工程""985工程"高校，汽车学院下设车辆工程1个本科专业，有汽车设计、汽车发动机设计、汽车电子、汽车营销与物流、汽车车身与空气动力学、汽车试验学和汽车新能源7个方向；车辆工程和动力机械及工程2个工学硕士、专业硕士和博士学位授权点；其中车辆工程和动力机械及工程2个博士后流动站。

北京理工大学是国家"世界一流大学和一流学科建设""211工程""985工程"高校，机械与车辆学院拥有机械工程一级学科、动力工程及工程热物理二级学科2个国家重点学科，车辆工程、装甲车辆工程、能源与动力工程、机械工程、工业工程5个本科专业，1个机械工程全英文教育专业。其中，装甲车辆工程、车辆工程、机械工程是国家级特色专业，车辆工程、能源与动力工程专业是工业和信息化部重点专业，工业工程是国防紧缺专业，装甲车辆工程同时还是国防重点专业。此外，装甲车辆工程、车辆工程、机械工程、能源与动力工程是教育部卓越工程师培养计划专业，车辆工程、机械工程专业通过了中国工程教育专业认证。学院下设4个博士后流动站，5个一级学科博士点，6个一级学科学术硕士点，3个专业硕士学位点，5个本科专业。

华南理工大学是国家"世界一流大学和一流学科建设""211工程""985工程"建设高校，机械与汽车工程学院设有机械工程（国家级特色专业、广东省名牌专业）、机械电子工程（广东省名牌专业）、过程装备与控制工程、安全工程、材料成型及控制工程、车辆工程等6个本科专业及机械工程创新班、机械工程卓越双语班两个特色班。学院设有机械工程、材料科学与工程2个博士后流动站；拥有机械工程一级学科博士学位授权点和机械制造及其自动化、机械电子工程、机械设计及理论、车辆工程、制造工程智能化检测及仪器、材料科学与工程、化工过程机械等7个二级学科博士学位授权点；拥有机械制造及其自动化、机械电子工程、机械设计及理论、车辆工程、制造工程智能化检测及仪器、材料科学与工程、动力机械及工程、化工过程机械、安全科学与工程等9个学术型硕士学位授权点；拥有机械工程、仪器仪表工程、材料工程、安全工程、车辆工程等5个全日制专业硕士学位授权点。

湖南大学是国家"世界一流大学和一流学科建设""211工程""985工程"高校，机械与运载工程学院设有机械设计制造及自动化、车辆工程、能源与动力工程、工程力学和工业工程等5个本科专业；机械工程和力学2个一级学科博士学位授权点，机械工程和力学2个博士后科研流动站；车辆工程、机械设计制造及自动化、机械电子工程、机械设计及理论、固体力学、流体力学、工程力学和一般力学与力学基础8个二级学科博士学位授权点；机械工程、力学、动力工程及工程热物理3个一级学科硕士点；机械制造及其自动化、车辆工程、机械电子工程、机械设计及理论、动力机械与工程、热能工程、固体力学、流体力学、工程力学和一般力学与力学基础10个二级学科硕士学位授权点，机械工程、车辆工程、工业工程、动力工程4个专业硕士学位授权点。其中机械工程学科为一级学科国家重点学科，机械制造及其自动化、车辆工程、机械设计及理论、机械电子工程4个学科为二级学科国家重点学科。

武汉理工大学是国家"世界一流学科建设""211工程""985工程优势学科创新平台"高校，汽车工程学院设有车辆工程、能源与动力工程和汽车服务工程3个本科专业。其中车辆工程为国家特色专业，车辆工程、能源与动力工程、汽车服务工程为教育部"卓越工程师教育培养计划"试点专业。学院拥有车辆工程、动力工程及工程热物理、汽车运用工程和汽车电子工程等博士点、硕士点以及车辆工程专业学位授权点，其中车辆工程、动力工程及工程热物理是国家"211工程"重点建设学科和湖北省重点学科，学院新能源汽车和智能汽车关键材料与技术入选国家"双一流"学科建设领域。

长安大学是国家"211工程"重点建设大学，国家"985工程优势学科创新平台"建设高校，国家"世界一流学科建设"高校。汽车学院设有交通运输工程、交通安全工程、车辆工程、市场营销、物流工程、汽车服务工程、能源与动力工程7个本科专业；载运工具运用工程、车辆工程、交通运输规划与管理、物流工程与管理、企业管理、车辆新能源与节能工程、交通环境与安全技术7个二级学科硕士点，动力工程及工程热物理1个一级学科硕士点，载运工具运用工程、车辆工程、热能与动力工程3个专业硕士学位授权点；设载运工具运用工程、车辆工程、交通运输规划与管理、车辆新能源与节能工程、物流工程与管理、交通环境与安全技术等6个博士学位授权点；载运工具运用工程、车辆工程2个博士后流动站。其中载运工具运用工程和交通运输规划与管理为国家级重点学科，交通运输工程学科列入国家"双一流"建设学科名单，车辆工程是国家特色专业、陕西省一流建设专业。

重庆大学是国家"世界一流大学和一流学科建设""211工程""985工程"高校，汽车工程学院设有车辆工程、工业设计2个本科专业；车辆工程和动力机械及工程2个工学硕士学位授权点；车辆工程1个专业硕士学位授权点；车辆工程1个博士学院授权点和博士后流动站。其中，车辆工程为国家级重点学科。

合肥工业大学是国家"世界一流学科建设"高校，"211工程""985平台"建设高校，汽车与交通工程学院下设5个系（车辆工程系、动力机械与工程系、制冷与低温工程系、道路与交通工程系和运输与物流工程系），1个实验中心和11个研究所。学院设有车辆工程1个二级学科博士点，动力工程及工程热物理、交通运输工程2个一级学科硕士点，车辆工程、能源与动力工程、交通工程、交通运输和交通设备与控制工程5个本科专业。

江苏大学汽车与交通工程学院设有车辆工程、能源与动力工程（动力机械工程及自动化）、交通工程、交通运输等4个本科专业；交通运输工程、机械工程（共建）和动力工程及工程热物理（共建）3个一级学科博士学位授权点，交通运输工程博士后科研流动站；车辆工程、交通运输工程和动力工程及工程热物理3个专业硕士学位授权点。其中，车辆工程专业是国家特色专业、教育部首批"卓越工程计划"专业、江苏省品牌专业（A类）。学院的车辆工程学科是全国高校第4个获得该领域博士学位授权点的学科，新能源汽车学科和动力工程及工程热物理学科是江苏省优势学科。

西安科技大学机械工程学院设有机械设计制造及其自动化、工业工程、车辆工程和机械电子工程4个本科专业；仪器科学与技术一级学科硕士授权点，机械设计及理论、机械制造及其自动化、机械电子工程、车辆工程、矿山机电工程、机械工程材料、精密仪器与机械、测试计量技术及仪器、矿山设备安全与评价9个二级学科硕士授权点；机械工程一级学科博士授权点，机械设计及理论、机械制造及其自动化、机械电子工程、车辆工程、矿山机电工程、机械工程材料6个二级学科博士授权点；机械工程博士后流动站。其中，机械设计制造及其自动化专业是国家级特色专业。

重庆交通大学机电与车辆工程学院设有机械设计制造及其自动化、车辆工程、电气工程及其自动化、机械电子工程、材料成型及控制工程、能源与动力工程6个本科专业；机械工程一级学科硕士学位授权点（下设5个二级学科），机械工程、车辆工程2个专业硕士学位授权点；材料加工工程二级学科硕士学位授权点。其中，机械工程是重庆市重点学科和重庆市"三特行动计划"特色专业。

山东交通学院汽车工程学院设有交通运输、车辆工程、汽车服务工程、能源与动力工程4个本科专业和汽车运用与维修技术1个专科专业；车船运行安全节能与环保1个专业硕士学位授权点。其中，载运工具运用工程为山东省"十二五"特色重点学科；交通运输专业为山东省特色专业和国家级特色专业，2013年被教育部确定为本科专业综合改革试点专业、被山东省教育厅确定为"卓越工程师教育培养计划"试点专业；车辆工程专业为山东省特色专业；汽车运用与维修技术专业为山东省教学改革试点专业，被教育部确定为示范性工科专业。2017年，交通运输专业群（交通运输、车辆工程、能源与动力工程、汽车服务工程）获批山东省高水平应用型立项建设重点专业群。

二、就业情况

2018年，全国汽车相关专业院校本科生和硕士生就业人数为35650人，总体就业率约为94.1%，其中本科生就业人数为31055人，硕士生就业人数为4595人，相关统计如图4-4所示。其中全国车辆工程专业本科生和硕士生就业人数为14525人，总体就业率约为96.87%，本科生就业人数为12694人，硕士生就业人数为1831人，相关统计如图4-5所示。以清华大学、吉林大学、同济大学、华南理工大学、长安大学、合肥工业大学、武汉理工大学、西安科技大学、重庆交通大学以及山东交通学院等高校为例，部分高校车辆工程专业本科及硕士毕业生毕业情况统计见表4-2和表4-3，其中就业总体情况、深造总体情况、国企就业总体情况等分别见图4-6～图4-15。其中，山东交通学院车辆工程专业因未设置硕士点，硕士毕业数据未统计。

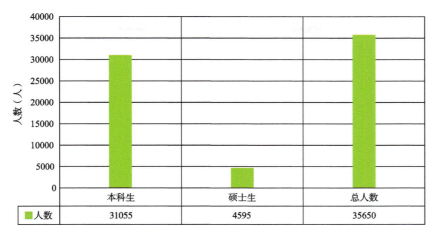

图 4-4　2018 年全国汽车相关专业院校就业人数统计

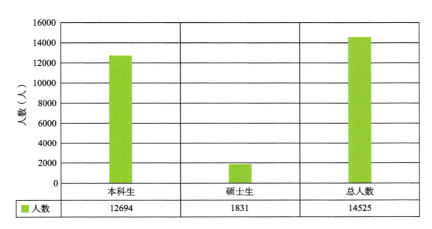

图 4-5　2018 年全国车辆工程专业就业人数统计

2018年部分高校车辆工程专业本科毕业生毕业情况统计表　　　　表4-2

学　校	毕 业 去 向				就 业 分 布			
	直接就业比例（%）	国内继续深造比例（%）	国外深造比例（%）	自主创业比例（%）	国企就业比例（%）	三资企业比例（%）	其他企业、高校及科研单位比例（%）	政府机构或其他事业单位比例（%）
清华大学	7.7	57.7	23.1	10.3	33.3	16.7	33.3	16.7
吉林大学	62.6	31.7	4.5	1.2	47.4	33.8	13.0	5.8
同济大学	22.8	40.78	31.07	3.4	29.8	40.4	29.8	—
华南理工大学	60.1	29.59	4.61	—	31.0	10.0	55.5	2.5
长安大学	64.18	29.39	3.07	—	34.32	8.95	54.85	0.37

续上表

学　校	毕业去向				就业分布			
	直接就业比例（%）	国内继续深造比例（%）	国外深造比例（%）	自主创业比例（%）	国企就业比例（%）	三资企业比例（%）	其他企业、高校及科研单位比例（%）	政府机构或其他事业单位比例（%）
合肥工业大学	61.74	30	5.3	—	39.2	8.8	43.1	8.8
武汉理工大学	50.20	37.22	6.44	—	31.72	11.40	3.59	4.3
西安科技大学	80.0	15.4	1.5	3.1	60.0	20.0	16.0	4.0
重庆交通大学	79.34	10.74	1.7	—	24.79	5	49.59	—
山东交通学院	75.3	15.75	—	0.6	19.0	6.0	56.0	19.0

2018年部分高校车辆工程专业硕士毕业生毕业情况统计表　　　　表4-3

学　校	毕业去向				就业分布			
	直接就业比例（%）	国内继续深造比例（%）	国外深造比例（%）	自主创业比例（%）	国企就业比例（%）	三资企业比例（%）	其他企业、高校及科研单位比例（%）	政府机构或其他事业单位比例（%）
清华大学	64.7	2.9	14.7	17.6	48.0	48.0	4.0	—
吉林大学	96.9	—	3.1	—	64.2	32.5	0.8	2.5
同济大学	87.35	7.48	5.17	—	41.8	36.4	20.6	1.2
华南理工大学	94.0	3.5	2.2	—	25.8	22.9	46.8	3.8
长安大学	97.46	2.53	—	—	46.83	17.72	32.91	—
合肥工业大学	94.5	5.5	—	—	55.8	25	19.2	—
武汉理工大学	98.38	3.03	1.12	—	36.19	13.42	6.53	5.36
西安科技大学	80.0	15.0	5.0	—	35.3	17.6	29.4	17.7
重庆交通大学	100.0	—	—	—	31.7	14.0	40.3	14.0
山东交通学院	—	—	—	—	—	—	—	—

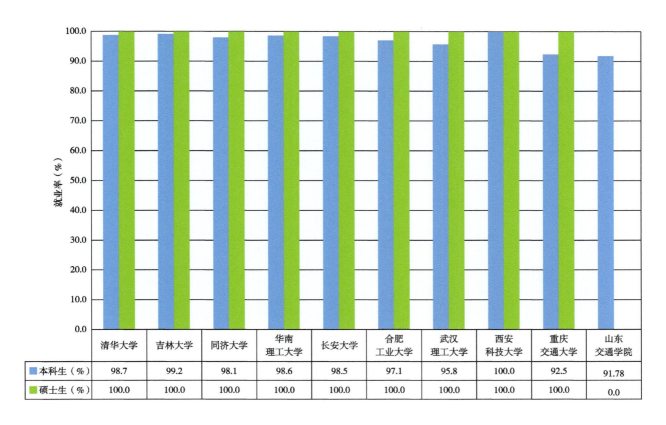

图 4-6　2018 年部分高校车辆工程专业毕业生就业总体情况

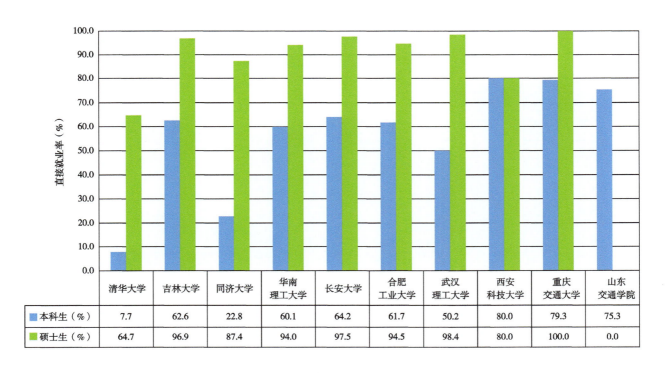

图 4-7　2018 年部分高校车辆工程专业毕业生直接就业总体情况

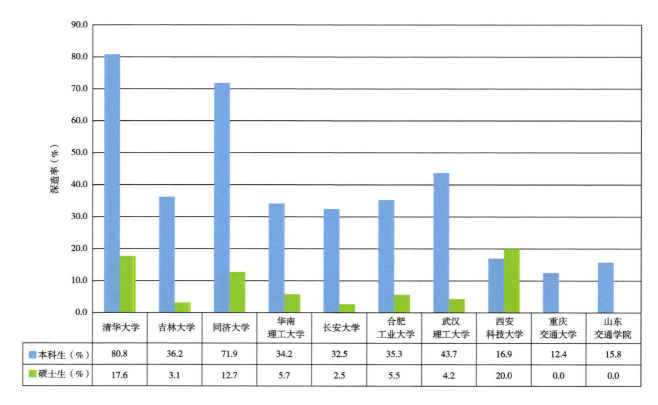

图 4-8　2018 年部分高校车辆工程专业毕业生继续深造总体情况

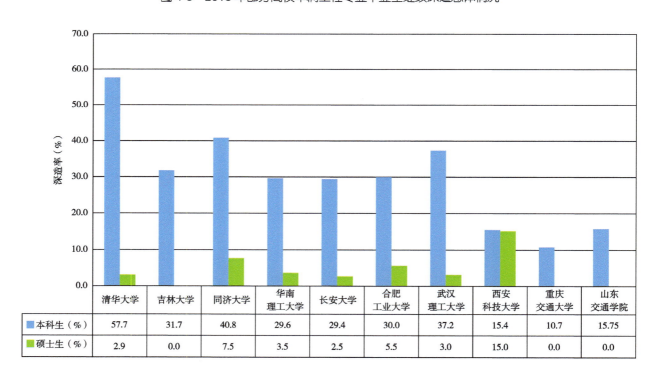

图 4-9　2018 年部分高校车辆工程专业毕业生国内继续深造总体情况

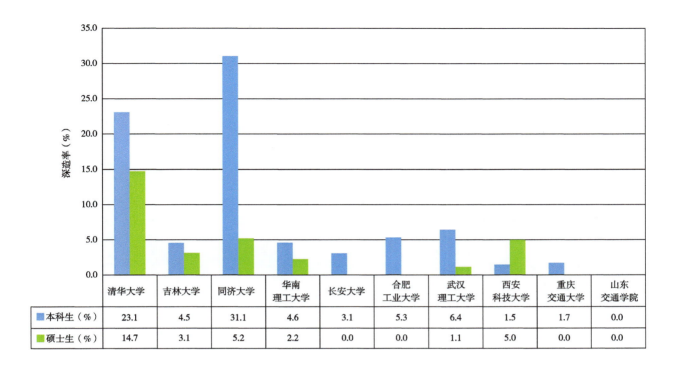

图 4-10　2018 年部分高校车辆工程专业毕业生国外继续深造总体情况

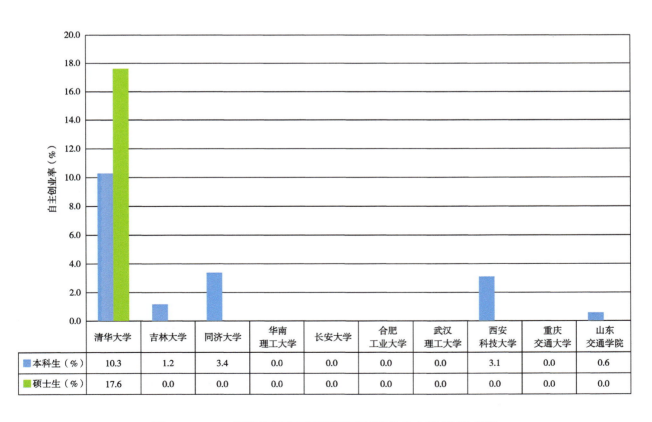

图 4-11　2018 年部分高校车辆工程专业毕业生自主创业总体情况

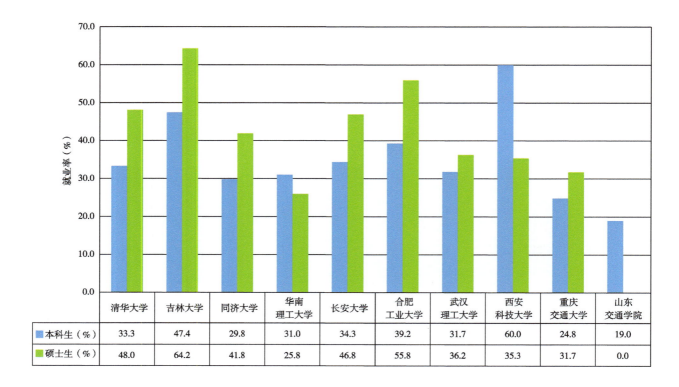

图 4-12　2018 年部分高校车辆工程专业毕业生在国企就业总体情况

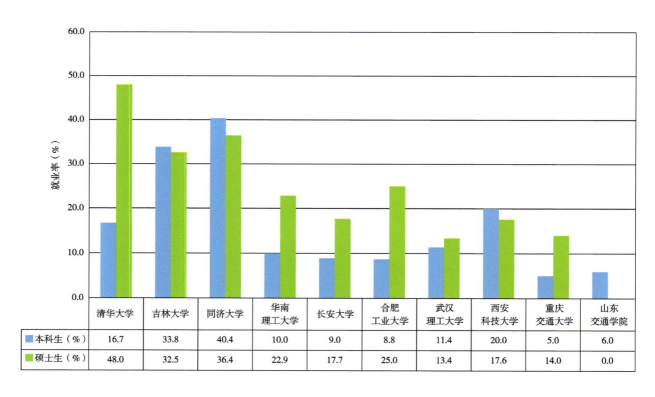

图 4-13　2018 年部分高校车辆工程专业毕业生在三资企业就业总体情况

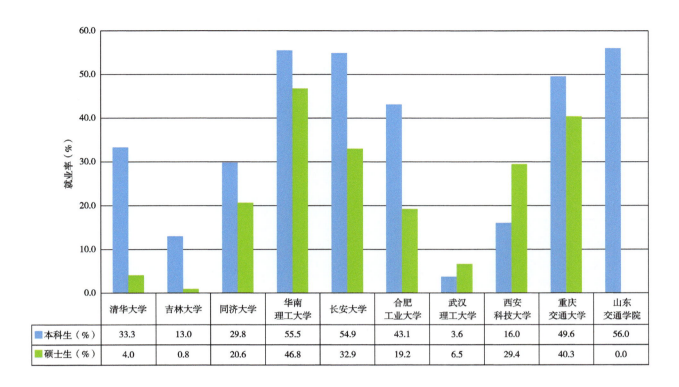

图 4-14　2018 年部分高校车辆工程专业毕业生在其他企业、高校及科研单位就业总体情况

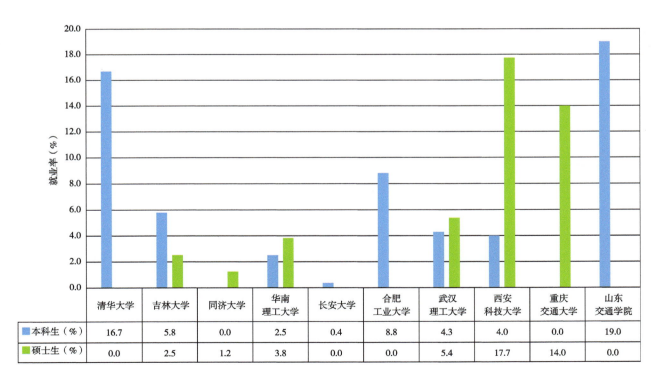

图 4-15　2018 年部分高校车辆工程专业毕业生在政府机构或其他事业单位就业总体情况

第二节 职业院校汽车人才教育概况

2018年，全国开设有汽车类相关专业的职业院校数量较2017年有所增加，其中，部分职业院校隶属于各省交通运输厅，以培养汽车实践服务类人才为目标，开设了汽车运用与维修、汽车技术服务与营销以及汽车制造与装配技术等16个专业方向，职业院校汽车人才就业人数稳步提升，就业率保持稳定，人才就业方向主要聚焦在汽车维修、汽车服务及营销、汽车制造、汽车保险理赔等方面。

一、职业院校概况

截至2018年，全国汽车类职业院校共218所，其中有26所院校隶属于各省交通运输厅，开设了汽车运用与维修、汽车技术服务与营销、新能源汽车运用与维护、汽车车身维修技术、汽车制造与装配技术、汽车整形技术等16个汽车相关方向的专业。

2018年，全国汽车类职业院校招生总人数为55908人，其中，部分隶属于省交通运输厅的职业院校汽车专业教育情况见表4-4。

2018年部分隶属于省交通运输厅的职业院校汽车专业教育情况　　表4-4

院校名称	招生（人）	毕业（人）	在校（人）
北京交通运输职业学院	231	459	403
贵州交通职业技术学院	385	470	1283
云南交通技师学院	2510	1653	6245
内蒙古交通职业技术学院	268	585	912
山东交通技师学院	1360	1423	4175
陕西交通职业技术学院	397	672	1603
四川交通职业技术学院	678	675	2030
江苏省交通技师学院	490	452	1413
广西交通高级技工学校	1130	549	2518
浙江交通职业技术学院	695	626	1982

北京交通运输职业学院是由昌平区人民政府举办、市教委主管、教育部备案的全日制普通高等职业学校。学院汽车系设有汽车技术服务与营销、汽车电子技术、计算机应用技术专业（移动互联）3个专业。学院建有汽车发动机拆装、汽车底盘拆装、汽车电气设备检测、整车检测、汽车商务、汽车基本技能等8个校内汽车实训中心，各专业学科实训室31个。学院与北京现代汽车集团、北京市祥龙博瑞汽车服务有限公司（集团）、北京新能源汽车公司、北汽福田、北京运通集团等10余家企业开展校企合作，其中汽车营销与服务专业与北京现代建立了"北京现代"订单班。

贵州交通职业技术学院是经贵州省人民政府批准成立，国家教育部备案的全日制公办普通高校，隶属于贵州省交通运输厅。学院汽车工程系是由原贵州省交通学校汽车运管专业科、贵州省驾驶技工学校汽车教研室合并，现开设有汽车运用技术专业（国家示范专业、省级示范专业）、汽车整形技术专业、汽车电子技术专业、汽车检测与维修技术专业、汽车技术服务与营销专业、汽车技术服务与营销专业（汽车保险理赔方向）、新能源应用技术专业（能源汽车方向）、汽车制造与装配等专业。系部以"厂中校、校中厂"办学模式为先导，与一汽大众、上海大众、贵阳市公共交通总公司等企业开展深度合作，积极深化改革本专业自身特色的"平行交替、岗群轮训"的工学结合人才培养模式。

云南交通技师学院是隶属于云南省交通运输厅管理的全日制技师学院，是国家级重点技工学校、全国交通职业教育示范院校、国家中等职业教育改革发展示范学校、国家级高技能人才培训基地、云南省高技能人才培养基地。学院下设汽车应用技术、汽车商务2个汽车类教学机构，在玉溪、大理、昭通等地市开设4个分校和3个办学点。学院建有上海大众、华晨宝马、东风雪铁龙、德国博世等多个校企合作培训中心和人才培养基地，与200多家企业建立了稳定的校企合作关系。

内蒙古交通职业技术学院是自治区唯一一所公办全日制交通类高等职业院校，全国交通类职业教育示范院校。学院汽车工程系现有汽车检测与维修技术、汽车电子技术、汽车技术服务与营销、汽车制造与装配技术、工程机械运用与维护、焊接技术及自动化等专业，其中汽车检测与维修技术、汽车技术服务与营销、汽车电子技术专业是自治区级品牌专业。汽车工程系实训场地充足，现有中德汽车机电合作项目（SGAVE）实训室、博世柴油电控系统实训室、博世工程师合作项目实训室、一汽大众TQP项目实训室、汽车整车维护实训室等合计9000余m^2校内实训场所，在满足学生实训需要的同时，还对外承担车辆维修、技术咨询、专业培训等业务。

山东交通技师学院隶属于山东省交通运输厅，是一所以培养交通行业高技能人才为主，集短期培训、成人教育、技能鉴定、驾驶培训于一体的综合性公办全日制技师学院。汽车学院设置有汽车应用系、汽车服务系、汽车制配系，与中德诺浩、德国博世、奔腾公司、潍柴动力、山东远通、北汽福田、上汽通用五菱、众泰集团、广汇汽车等国内外知名企业建立了长期深入的合作关系，为社会输送了大批汽车维修技能人才。2018年，学院成为世界技能大赛重型车辆维修项目山东省集训基地，是人社部批准的全国技工院校汽车专业一体化课程教学改革第二批试点单位，是山东省省级示范专业群"汽车应用与维修"项目建设单位，是潍柴和博世校企合作项目首批合作单位以及全国第二家签约单位。

陕西交通职业技术学院是陕西省人民政府举办，省教育厅、省交通运输厅共建的公办高等职业院校。目前，学院依托交通运输和机械制造两大行业，以"现代制造业"与"现代服务业"为主线，开设了汽车检测与维修技术、汽车电子技术、汽车营销与服务（定损与评估方向、技术营销与服务方向）、汽车制造与装配技术（汽车设计与制造方向）、汽车车身维修技术、新能源汽车技术、汽车智能技术7个专业（方向）。汽车工程学院先后与大众、丰田、福特、标致雪铁龙、中德汽车机电、吉利、陕汽、宝能等世界名企开展校企合作，通过开设"品牌订单班"等方式实现了"合作共建、合作育人、合作就业、合作发展"的合作模式。学院设有大众、丰田、福特、标致雪铁龙、中德（奔驰、保时捷、奥迪）、吉利等技术培训（服务）中心6个，拥有1个现代化的汽车专业教学实训中心，其中实训室34个、仿真实训室5个、生产性实训工作区10个、操作工位620个、专业教学设备360台（套），场地面积12000m^2，设备总值3000万元。

四川交通职业技术学院是公办全日制普通高等学校，隶属于四川省交通运输厅。学院汽车工程系开设有汽车运用技术、学院汽车技术服务与营销、汽车整形技术、汽车定损与评估4个专业。学院校企共建了"学训研产"四位一体的校内实训基地，建筑面积达13000余m^2，设备总价值近6000多万元。学院与厂家共建有一汽丰田成都培训中心、宝马成都培训中心、上海通用ASEP教学中心、雪铁龙培训中心、标致培训中心，一方面开展学生订单培养，另一方面为厂家授权4S店培训认证现有技术人员。企业适时更新设备，实现教学与市场同步，使学院的办学成本与企业共担。学院建有校外实训基地97个，供毕业生顶岗实习和教师实践锻炼。

江苏省交通技师学院建于1978年，由江苏省汽车技工学校和镇江交通职工技术学校合并组建，是全国交通运输系统第一所培养高技能人才的重点技师院校，学院隶属于江苏省交通运输厅，为全日制公办院校。学院车辆工程系拥有工程机械、汽车2大专业群，开设有工程机械运用技术、工程机械运用与维修、汽车运用与维修、汽车制造与装配、汽车检测、汽车维修、汽车营销、汽车钣金与涂装等专业，主要培养工程机械操作维护、机械施工管理、汽车制造装配、汽车营销、汽车保险理赔、汽车检测维修、汽车美容、车身修复等方面的技能型人才，层次涵盖中级工、高级工及技师3个层次。系部专业是国家职业教育改革发展示范学校重点建设专业，实训中心是国家级高技能人才培训基地、省级职业教育实训基地，已成为镇江地区实力最强、规模最大的专业教育培训基地。

广西交通高级技工学校隶属于广西壮族自治区交通厅，是国家重点技工学校。学院汽车工程系开设有汽车检测与维修、汽车电气维修、汽车维修与钣金、汽车维修与涂装、汽车维修与装饰、汽车驾驶与维修等6个专业。系部设有汽车专业基础理论、基础构造、汽车电气、小修项目、汽车维护、汽车故障诊断、汽车钣金喷漆、汽车电工电子等8个教研室，建有汽车构造拆装基础实训中心、汽车典型维修项目实训中心、汽车电气与空调维修实训中心、汽车整车检测与维护实训中心、汽车数字化虚拟实现实训中心、汽车装饰与美容实训中心、汽车钣金与喷涂实训中心。系部先后与北京现代汽车有限公司、上海景格汽车科技有限公司、美国SPX公司、玉柴重工、北京史宾尼斯机电设备有限公司等企业携手开展校企合作项目。

浙江交通职业技术学院是公办全日制普通高等学校，隶属于浙江省交通运输厅。学院是全国交通职业教育示范院校、浙江省示范高等职业学院、教育部中德汽车机电合作项目（SGAVE）优秀示范院校。汽车学院开设了汽车运用技术、汽车技术服务与营销、汽车电子技术、汽车整形技术和市场营销等高职专业。其中"载运工具应用"学科（汽车运用类专业群）为浙江省高校重点学科，汽车运用技术专业是国家骨干院校重点建设专业，汽车运用技术和汽车技术服务与营销是浙江省特色专业。学院拥有12000余m^{2}的各类实验实训室，配备有总值3000余万元的汽车实训设备，开设有丰田T-TEP技术班、东风日产N-STEP机电班、东风日产N-STEP营销班等定向培训班，并与50多家校外实习基地建立了紧密联系。

二、就业情况

2018年，全国汽车类职业院校毕业生人数为59815，就业人数为56213，就业率为93.98%；其中26所与各省交通运输厅共建的职业院校毕业人数为16457，就业人数为15623，就业率为94.93%，以北京交通运输职业学院、贵州交通职业技术学院、云南交通技师学院、内蒙古交通职业技术学院、山东交通技师学院、陕西交通职业技术学院以及四川交通职业技术学院等职业院校为例，2018年部分院校毕业生就业总体情况如图4-16所示。2018年全国汽车类职业院校就业单位类型主要为企业，其中其他企业（民营企业为主）占比最高（57.02%），国有企业占比为24.22%，党政机关占比为0.93%，事业单位占比为2.09%，其他性质单位占比为15.74%，毕业生就业去向统计如图4-17所示。

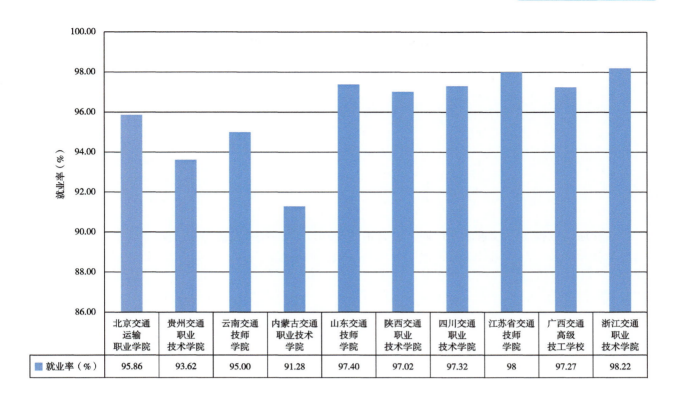

图 4-16 2018 年部分汽车类职业院校毕业生就业总体情况

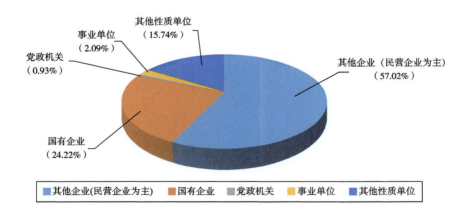

图 4-17 2018 年全国汽车类职业院校毕业生就业去向统计

下篇>>>

专题篇

第五章　基于车路协同的客车新技术

随着科技的不断创新发展，国家新一轮的产业革命正在推动汽车产品内涵和外延的深度变革，"电动化""智能化""网联化""共享化"已经成为汽车产业的发展新趋势。

基于车路协同的客车是协同创新、构建新型交通运输体系的重要载体，并在塑造产业生态、推动国家创新、提高交通安全、实现节能减排等方面具有重大战略意义。近年来我国及美国、欧盟、日本等国外发达国家或地区都将智能驾驶汽车作为汽车领域发展的重要方向，纷纷加快产业布局、制定发展战略，大力推动智能驾驶汽车的法律法规制修订，研究制定技术研发和推广应用支持措施，加强网络基础设施建设和道路智能化改造，通过出台标准、修订法律法规等方式为产业发展营造了良好环境。

基于车路协同的客车，是指车路协同与客车技术的有机联合，是搭载先进的车载传感器、控制器、执行器等装置，并融合现代通信与网络技术，实现车与人、车、路、后台等智能信息交换共享，实现安全、舒适、节能、高效行驶，并最终可替代人来操作的新一代客车。

第一节　基于车路协同的客车新技术分类

基于车路协同的客车新技术主要涵盖了智能驾驶技术和智能网联技术2个部分。

一、智能驾驶技术

智能驾驶技术是指利用机器帮助人进行驾驶，以及在条件允许的情况下完全取代人驾驶的技术。其涵盖环境感知、决策控制、执行控制、车载计算平台、通信等5个方面，智能客车系统集成情况如图5-1所示。

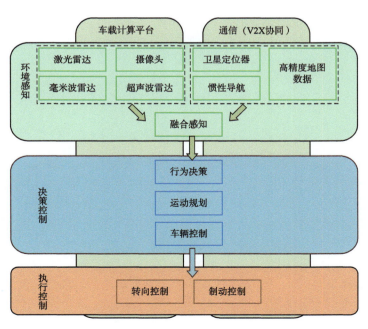

图 5-1　智能客车系统集成情况

（1）环境感知：包括传感器、高精定位和融合感知技术。其中，传感器包括激光雷达、毫米波雷达、超声波雷达、摄像头等；通过对多源传感器的信息融合，发挥各个传感器的优势，克服单传感器局限性，提供给决策系统更丰富的环境信息，即融合感知技术；高精定位包括高精度地图数据、惯性导航和卫星定位，有助于自动驾驶汽车的自车定位、导航和决策控制。

（2）决策控制：分为行为决策、运动规划和车辆控制3个方面。行为决策包括道路交通信息检测，驾驶人疲劳监测和周围行人车辆运动预测，行为决策可基于车载传感器信息综合判断出当前路况，为运动规划提供参考信息；运动规划又称路径规划，主要基于感知层提供的道路、交通、车辆等环境信息规划出一条满足交通法规、结构化道路约束的最优局部行驶路径；车辆控制基于运动规划提供的最优局部路径，计算出车辆速度、加速度及转向盘转角并发送至执行控制器执行。

（3）执行控制：负责接收和执行车辆控制系统发来的指令（主要包括EPS电子助力转向技术和EBS电子辅助制动技术），进而实现对车辆速度、加速度的控制。

（4）车载计算平台：自动驾驶车辆的计算平台。目前自动驾驶技术对计算资源需求巨大，尤其是基于深度学习的自动驾驶系统，对运算速度、计算精度、数据存储空间、设计架构要求更高。

（5）通信设备主要用于车联网，目前以V2X通信设备为主，实现车与车（V2V）、车与道路基础设施（V2I）、车与人（V2P）、车与网络（V2N）、车与单车（V2M）、路侧单元（RSU）和车载单元（OBU）的通信，有助于自动驾驶的智能化发展。

智能驾驶汽车运行时，在车载交互平台上设置目的地，计算平台规划出合理的行驶路径。在汽车行驶时，导航系统测得动态数据送到汽车计算平台，计算得到位置信息。计算平台和路径规划系统实现信息交互，将补偿后的位置信息与之前在地图上已规划好的路径进行对比，得到偏差值，将偏差值处理后，通过自动变速转向系统来控制智能驾驶汽车的行驶速度和方向。汽车前方的传感器将测量信息传递给计算平台进行决策判断，当测得汽车与障碍物或行人的距离进入危险范围时，汽车紧急自动制动，确保行车安全。

在系统中应用角度传感器、电动机转速传感器、位置传感器、压力传感器等传感器测量行车信息，并将行车信息转换为电信号传递给整车控制器进行运算，再由整车控制器发出指令控制自动变速转向机构，构成闭环系统，实现对汽车驾驶的智能控制。

智能客车可依据其自动化程度进行分类，按照2014年SAE制订的自动驾驶汽车分级标准，可将客车分为L0～L5共6个等级，L0代表没有自动驾驶加入的传统人类驾驶，L1～L5则随自动驾驶的成熟程度进行分级。

二、智能网联

车联网涵盖车自身全部生命周期的信息以及车辆与外界交互的信息。这就意味着，车辆研发、生产、销售、使用、报废过程中的所有信息交换都被包括在车联网中，因此，车联网除支持车辆与交通三要素——人、车、路互联，实现在智能交通领域的应用以外，还将与移动互联网、通讯网、智能工厂、智能电网、智能家居等外部网络互联，形成自车与人、车、路、网相互连接及信息交互的有效平台。理想状态下，车联网通过连接车、路等交通关键要素，能够面向个人、企业、政府等不同用户提供各种不同类型的服务，构建高效、安全、绿色的交通环境。

狭义的车联网应用通常指车载信息服务类应用，即通过车辆把车主与各种服务资源整合在一起，广义的车联网应用还包括面向交通的安全效率类应用以及以自动驾驶为基础的协同服务类应用。

根据联网技术不同，车联网可以分为车内网、车际网和车云网应用；根据应用对象不同，车联网可以分为单用户应用以及行业应用2大类，行业应用进一步分为企业应用和政府应用等；根据需求对象不同，车联网可以分为自动驾驶、交通管理、商业运营等应用场景。

第二节　基于车路协同的客车相关政策

基于车路协同的客车不仅是解决现代城市面临的交通安全、道路拥堵、能源消耗等问题的重要手段，更是推动汽车制造、信息通信、互联网、人工智能深度融合的主要途径之一。发展基于车路协同的客车已成为汽车产业的重要战略方向之一，是布局新一轮汽车产业、构筑竞争新优势、抢占行业战略制高点的关键。近年来，国家、各部委以及省市纷纷出台政策规范、引导、推动基于车路协同的客车产业健康发展，具体情况如下。

一、《智能汽车创新发展战略（征求意见稿）》

2018年1月，发展改革委发布了《智能汽车创新发展战略（征求意见稿）》，明确提出了中国智能汽车发展的战略意义及主要任务，制定了2020年前智能汽车发展目标，提出了：首先要在2020年构建技术创新体系、产业生态、标准法规、产品监管和信息安全体系架构，智能汽车新车占比达到50%，中高级别智能汽车实现市场化应用，重点区域示范运行取得成效；智能道路交通系统建设取得积极进展，大城市、高速公路的车用无线通信网络（LTE-V2X）覆盖率达到90%，北斗高精度时空服务实现全覆盖。2025年在这些领域的体系要全面形成，新车基本实现智能化，高级别智能汽车实现规模化应用。"人—车—路—云"实现高度协同，新一代车用无线通信网络（5G-V2X）基本满足智能汽车发展需要。2035年中国标准智能汽车能够享誉全球，率先建成智能汽车强国。

二、《智能网联汽车道路测试管理规范（试行）》

2018年4月，工业和信息化部、公安部和交通运输部联合发布了《智能网联汽车道路测试管理规范（试行）》（以下简称《管理规范》），就测试主体、测试车辆、测试驾驶人测试过程管理以及测试道路提出了明确要求。

（1）测试主体：要求具有与智能网联汽车相关的业务能力、自动驾驶功能测试评价能力、实时远程监控车辆的能力等，同时还要求为测试车辆投保不低于500万元的保险或不少于500万元的事故赔偿保函，以解决一旦发生事故的损害赔偿等善后事宜。

（2）测试车辆：要求增加的自动驾驶功能不能降低车辆安全性能、能随时从自动驾驶模式切换到人工驾驶模式，测试车辆应在封闭道路、场地测试，具备上道路实测的条件，并经相应的检测机构检验。

（3）测试驾驶人：测试期间要求有具备相应准驾车型驾驶人全程监管，测试驾驶人必须具有3年以上驾驶经历、最近连续3个记分周期内无记满12分记录、无严重交通违法和交通事故记录等条件。

（4）测试过程管理：要求测试过程中要严格遵守道路交通安全管理的法律法规，测试驾驶人应始终监控车辆运行状态及周围环境，并随时准备接管车辆，测试期间车辆不得搭载与测试无关的人员或货物。

（5）测试道路：测试车辆必须在指定的测试路段进行实际道路测试。省市工信、公安、交通运输部门将联合选定对交通安全畅通产生影响不大的路段作为测试路段。

《管理规范》还要求测试主体必须在封闭场地进行充分的实车测试并取得相应的资格，才能获取开放道路测试牌照。

三、《智能网联汽车自动驾驶功能测试规程（试行）》

2018年8月，为配合和支撑《智能网联汽车道路测试管理规范（试行）》自动驾驶功能检测项目的规范开展，中国智能网联汽车产业创新联盟、全国汽车标准化技术委员会智能网联汽车分技术委员会等共同编制了《智能网联汽车自动驾驶功能测试规程》（以下简称《测试规程》），提出了各检测项目对应测试场景、测试规程及通过条件。

检测项目对应《管理规范》附件1中所列智能网联汽车自动驾驶功能检测项目，包括必测项目9项和选测项目5项，依据各项目特点，拟定必测场景20个，选测场景14个。其中，对选测项目及场景，如企业声明其车具有相应功能或测试路段涉及相应场景的，也应进行相关项目的检测。

四、《车联网（智能网联汽车）产业发展行动计划》

2018年12月，为加快车联网（智能网联汽车）产业发展，大力培育增长点、形成新动能，工业和信息化部发布了《车联网（智能网联汽车）产业发展行动计划》（以下简称《行动计划》）。

《行动计划》提出，将充分发挥政策引领作用，分阶段实现车联网（智能网联汽车）产业高质量发展的目标：第一阶段，到2020年，将实现车联网（智能网联汽车）产业跨行业融合取得突破，具备高级别自动驾驶功能的智能网联汽车实现特定场景规模应用，车联网用户渗透率达到30%以上，智能道路基础设施水平明显提升；第二阶段，2020年后，技术创新、标准体系、基础设施、应用服务和安全保障体系将全面建成，高级别自动驾驶功能的智能网联汽车和5G-V2X逐步实现规模化商业应用，"人—车—路—云"实现高度协同，人民群众日益增长的美好生活需求得到更好满足。

五、各省市智能网联道路测试规范

为响应国家号召，同时也是为了促进各地方政府经济转型，吸引智能网联汽车相关产业在当地快速落地，各省市相继颁布了针对智能网联汽车的道路测试管理规范，截至2018年12月，共有17个地区出台了相关法规，具体情况见表5-1。

出台《智能网联道路测试管理规范》的省市列表　　表5-1

城　市	时　间	规　范　出　台　情　况
河南	2018.11.05	《河南省智能网联汽车道路测试管理办法（试行）》
北京	2017.12.15	《北京市关于加快推进自动驾驶车辆道路测试有关工作的指导意见（试行）》 《北京市自动驾驶车辆道路测试管理实施细则（试行）》 《北京市自动驾驶车辆道路测试能力评估内容与方法（试行）》 《北京市自动驾驶车辆封闭测试场地技术要求（试行）》
上海	2018.02.28	《上海市智能网联汽车道路测试管理办法（试行）》
重庆	2018.03.14	《重庆市自动驾驶道路测试管理实施细则（试行）》
天津	2018.06.28	《天津市智能网联汽车道路测试管理办法（试行）》
广州 南沙区	2018.06.04	《广州市南沙区关于智能网联汽车道路测试有关工作的指导意见（试行）》
广州	2018.12.13	《关于智能网联汽车道路测试有关工作的指导意见》
广东	2018.12.03	《广东省智能网联汽车道路测试管理规范实施细则（试行）》
深圳	2018.03.16	《智能网联汽车道路测试管理规范（试行）》
平潭 综合实验区	2018.03.28	《平潭综合实验区无人驾驶汽车道路测试管理办法（试行）》

续上表

城　　市	时　　间	规范出台情况
长春	2018.04.16	《长春市智能网联汽车道路测试管理办法（试行）》
长沙	2018.04.16	《长沙市智能网联汽车道路测试管理实施细则（试行）》
肇庆	2018.05.17	《肇庆市自动驾驶车辆道路测试管理实施细则（试行）》
保定	2018.01.11	《关于做好自动驾驶车辆道路测试工作的指导意见》
济南	2018.07.25	《济南市智能网联汽车道路测试管理办法》
杭州	2018.08.21	《杭州市智能网联车辆道路测试管理》
襄阳	2018.10.26	《襄阳智能网联汽车道路测试管理规定（试行）》

第三节　基于车路协同的客车技术创新

2018年，随着国家及地方政府的大力支持，各主流客车企业如郑州宇通、厦门金龙、苏州金龙、厦门金旅、亚星客车、中车时代等，纷纷布局基于车路协同的客车技术，取得了较为显著成绩。

一、智能化方面

2018年，郑州宇通先后开发完成了面向BRT公交的L3级10~12m纯电动客车（图5-2和图5-3）和面向园区景区等封闭区域的L4级5m微循环车（图5-4）。其中L3级10~12m纯电动客车实现了车道内驾驶，具备巡线行驶、紧急制动、换道避障和路口通行、精确进站等主要功能，可有效减低驾驶人工作强度，提升行车安全，提高运营效率。2018年5月18日，郑州宇通为验证复杂交通流工况下自动驾驶能力，基于第三代自动驾驶系统的纯电动公交车通勤常态化示范运营在新能源厂区正式展开，该车实现了CA级自动驾驶，具备换道避障、路口通行、路径动态规划、精确进站等主要功能。该车每天运营8h，自动驾驶行驶里程近60km，最高时速30km。2018年12月，郑州宇通L3级自动驾驶客车在襄阳国家智能网联汽车测试场，完成了为期1个月的封闭场测试，顺利通过了工业和信息化部等3部委规定的32个测试场景，获得襄阳市开放道路测试牌照。

图 5-2　郑州宇通 L3 级 10m 纯电动客车

图 5-3　郑州宇通 L3 级 12m 纯电动客车

图 5-4　郑州宇通 L4 级 5m 微循环车

2018 年 7 月 5 日，厦门金龙与百度合作研发的 L4 级 "阿波龙" 微循环小巴下线（图 5-5）。据公开资料显示，该车配置了 CA 级自动驾驶系统，系统由超声波雷达、毫米波雷达、激光雷达、摄像头和 GPS 高精度定位设备等组成，具备自动泊车、自适应巡航、路口通行、自主避障、车道偏离预警、站点停靠、红绿灯识别等主要功能。2018 年 3 月 30 日，"阿波龙" 拿到了福建省平潭综合实验区公安机关交通管理部门授予的首批测试牌照。此外，"阿波龙" 先后获得北京、上海、重庆等地区的路测牌照，已完成厦门软件园三期封闭道路测试和重庆自动驾驶封闭场地测试。2018 年 10 月 12 日，"阿波龙" 自动驾驶小巴进入武汉开发区龙灵山公园，标志着其在全国的首个无人驾驶商业示范运营项目正式进入试运行阶段。此外，"阿波龙" 还在北京、河北雄安、广东深圳、福建平潭、湖北武汉、日本东京等地开展试运行。

图 5-5　厦门金龙 L4 级 "阿波龙" 微循环小巴

2018年，苏州金龙推出8m自动驾驶客车（图5-6），配备摄像头、激光和毫米波雷达、前后视/前后门高清摄像头、差分GPS等。2018年11月30日，该型8m自动驾驶客车收获江苏省首批发放的路测牌照。该型车辆此前已在上海和苏州常熟进行了为期半年的封闭路况行驶测试，已通过全部测试项目。

图5-6　苏州金龙8m量产型无人驾驶客车

南京金龙、中国移动和江苏智行合作发布了L4级微循环车"未来号"，其配备激光雷达、摄像头和毫米波雷达，最高车速40km/h，可用于园区、景区等封闭区域的接驳服务。"未来号"无人驾驶电动巴士融合了人工智能、环境感知与执行控制技术、高精度定位导航和三维数字地图技术、V2X网络通信和车路协同技术，提供了一系列支持无人驾驶的标准通信协议和数据接口，将决策规划系统与车辆底层控制系统深度集成，通过线控技术完成了执行机构的电控化。该车可支持前车防撞预警、车道偏移预警、行人检测、全景影像、自动泊车、盲点探测、适应巡航、车路交互等功能的深化应用，实现了无人驾驶车辆"安全、高效、舒适、节能"的运行目标。2018年12月17日，"未来号"在江宁未来城内部道路上进行了测试，并在南京智行未来汽车研究院园区开展示范运行。

中车时代发布了12m智能驾驶客车（图5-7），在株洲开放路段进行了测试。该车配备了前、后单目摄像头，以及激光雷达、毫米波雷达、超声波雷达等多个传感器，具备简单场景下的车道保持、巡线行驶、自动转向等功能。2018年10月中车时代12m智能驾驶客车顺利获得长沙首批智能网联汽车开放道路测试号牌。

图5-7　中车时代新一代12m智能驾驶客车

2018年4月17日，厦门金旅第二代自动驾驶客车"星辰"正式面世（图5-8），自动驾驶级别为L4，定位场景为封闭园区客运，开始面向落地运营阶段测试。该车型搭载激光雷达、毫米波雷达、摄像头、GPS-IMU设备以及高精度线控底盘。同时，星辰可根据客户需求实现智能列队跟随、自主泊车、APP任意点招车等一系列功能。2018年9月该车获得平潭自动驾驶测试牌照，2018年11月30日，"星辰"自动驾驶客车收获江苏省首批发放的路测牌照。

图 5-8　厦门金旅第二代无人驾驶巴士"星辰"

亚星客车协同潍柴集团进行相关技术研发，2018 年 6 月完成了 10.5m 混合动力智能驾驶城市客车样车线控底盘调试（图 5-9)。2018 年 12 月 12m 全铝车身纯电动智能驾驶城市客车样车智能驾驶功能调试完成（图 5-10），该车型以线控底盘系统为载体，应用了大量商用车智能驾驶行业前沿技术，实现了自主循迹控制功能。

图 5-9　亚星客车 10.5m 混合动力智能驾驶城市客车样车

图 5-10　亚星客车 12m 全铝车身纯电动智能驾驶城市客车样车

二、辅助驾驶方面

近年来，高级驾驶辅助系统（ADAS）越来越多地使用在量产车上，ADAS 主要是通过各种车载传感器收集车内外的环境数据，然后进行静、动态物体的辨识、侦测与追踪等，从而让驾驶人在最快的时间察觉可能发生的危险,并采取相应的措施,以提升驾乘安全性。智能驾驶技术的实现,要依赖 ADAS 的成熟和完善。在工业和信息化部、国家发展改革委、科技部三部委 2017 年联合印发的《汽车产业中长期发展规划》中明确提及,到 2020 年,我国汽车驾驶辅助(DA)、部分智能驾驶(PA)、有条件智能驾驶(CA)系统新车装配率要超过 50%,网联式驾驶辅助系统装配率要达到 10%,满足智慧交通城市建设需求。到 2025 年,汽车 DA、PA、CA 新车装配率要达到 80%,其中 PA、CA 级新车装配率要达到 25%,高度和完全智能驾驶汽车开始进入市场。

2018 年,交通运输部发布了《营运客车安全技术条件》(JT/T 1094—2016),明确要求 9m 以上营运客车都需加装 ADAS 产品。辅助驾驶产品在现有市场条件下已经成为大多公交运营单位的需求,疲劳预警类产品是大多公交客户的需求,防碰撞和主动制动 AEB 产品是大多公路版产品用户的需求。

郑州宇通研发完成了 AEBS、FCW、LDW、LKA 等高级辅助驾驶系统以及面向自动驾驶客车运营的一体化解决方案,如图 5-11 所示。一体化解决方案除了自动驾驶车辆以外,还包含有车路协同系统、云控平台以及自动充电等。

图 5-11 自动驾驶客车运营的一体化解决方案

在高级辅助驾驶技术开发方面,部分车辆装配了先进传感器,具备了智能环境感知能力,车辆环境感知技术和自组织网络技术可对道路、车辆、行人、交通标志、交通信号等进行检测、识别和分析处理,并将信号传输给执行机构,保障车辆安全行驶。亚星从 2013 年开始至今,陆续有部分公交客车和营运客车具备了全景影像监测功能(AVM)、倒车环境辅助(RCA)功能、驾驶人疲劳驾驶预警(DSM)功能等,部分营运客车具备了前防撞预警(FCW)功能、车道偏离预警(LDWS)功能和自动紧急制动(AEB)功能等,如图 5-12 和图 5-13 所示。

三、网联化方面

目前我国已将车路协同产业上升到国家战略高度,产业政策持续利好。车路协同技术标准体系已经从国家标准层面完成顶层设计。我国车路协同产业化进程逐步加快,围绕 LTE-V2X 形成了通信芯片、通信模组、终端设备、整车制造、运营服务、测试认证、高精度定位及地图服务等较为完整的产业链生态,我国车路协同产业地图如图 5-14 所示。为推动 C-V2X 产业尽快落地,工业和信息化部、交通运输部、公安部等积极与地方政府合作,初步形成了以工业和信息化部主导的"5+2"的车路协同示范区,以及以交通运输部主导的"322"自动驾驶测试基地和示范区格局，为后续大规模产业化及商业化奠定了基础。

图 5-12　亚星客车具备 AEB/LDWS 功能的大型营运客车

图 5-13　亚星客车 AEB 试验

图 5-14　我国车路协同产业地图

在终端与设备方面，当前国内企业大唐、华为、东软、星云互联、千方科技、车网互联、万集科技等均可提供支持LTE-V2X的OBU和RSU通信终端产品；东软提供硬件开发套件、面向量产V2X-ECU、网络协议栈、SDK等应用示例，千方科技提供感知与控制交通设施数据的路侧协同控制机、管理服务平台。而在通信基站方面，华为已推出测试用LTE-V2X基站，2018年还提供了完整的核心网设备升级方案。中兴于2018年提供了测试用的LTE-V2X基站。上海诺基亚贝尔也将提供LTE＋MEC的基站产品，支持V2I类应用。

国内各整车厂均积极进行典型LTE-V2X应用的开发。中国一汽、上汽、江淮汽车、众泰汽车、长城汽车等实现了LTE-V2V、V2I、V2P应用，并与东软、大唐、ALPS、大陆等合作进行了示范演示；众泰新能源汽车正在建设融合了LTEV2X应用和ADAS技术的小镇无人驾驶解决方案；江淮汽车还搭建了车路协同大数据分析平台，实时采集V2X数据，为智能辅助驾驶提供决策支持；深圳元征科技可以提供安全应用和后台服务应用的整体解决方案。欧辉新能源车联网平台是在福田车联网的系统框架下，开发完成的新能源客车数据监控网络平台，平台通过对车辆实时运行数据的采集、存储、挖掘和管理，实现了在车辆全生命周期的运营监管。

在运营与服务方面，国内三大电信运营商均大力推进C-V2X业务验证示范。中国移动实现了基于LTE-V2X的车—车网联和车—路协同应用，包括紧急制动、超车告警、路口防碰撞、红绿灯车速引导、路口信息推送到车等；中国联通展示了多场景融合的蜂窝车—路协同（C-V2X）应用解决方案，包括面向驾驶安全的"See through"，车—人防碰撞、车—车防碰撞预警，面向交通效率的绿波带通行、自适应车队等业务；中国电信则重点开发了公交优先应用及停车导引应用。

在测试验证方面，重庆车辆检测研究院在L3及以上自动驾驶以及LTE-V2X应用层的测试方面可以提供研发测试验证服务，在商用车ADAS方面，提供研发测试和法规测试服务；中国信通院具备完备的无线通信测试验证环境，已支持开展车路协同终端设备的功能、性能和协议一致性测试。上海无线通信研究中心已研发并可提供基于车路协同的SDR仿真验证算法；罗德与施瓦茨公司已经推出满足3GPP R14标准的LTE-V2X终端测试综测仪，可提供GNSS信号和LTE-V2X无线连接下的数据收发测试，并计划推出认证级的LTE-V2X终端协议一致性和射频一致性测试方案；中国汽车研究中心有限公司（天津）可以提供研发验证及测试评价服务，并支持整车环境下车载终端在蜂窝移动通信频段、全球卫星导航频段和车间通信频段的测试检测。

车路协同产业链主要包括了上述的环节，但是产业发展都离不开一些基础环节的支撑以及一些关联技术和产业的发展。第一，在基础研究领域，高校及科研机构发挥着重要的作用；第二，在标准及行业组织方面，国内众多行业组织都已积极开展车路协同相关标准化和行业协同推广工作；第三，在关联技术与产业方面，以与车路协同关联最紧密的高精度定位和地图服务为例，中国自主研制的北斗定位导航系统也取得了长足的发展，包括和芯星通、华大北斗等国内厂商纷纷推出了自主设计的北斗定位芯片，千寻位置网络有限公司推出了基于北斗卫星的国家北斗地基增强系统；在高精度地图服务方面，国内主要地图商如高德、百度、四维图新等均致力于高精度地图的采集与制作，并为行业提供高精度地图服务。

第六章 新能源客车技术

随着国家对新能源客车的重视度不断提升,各车企及相关产业技术研发的投入不断加大,电子电力、控制和信息技术的不断发展,使得动力蓄电池及蓄电池管理系统、电机及其控制技术、整车控制技术和整车轻量化技术等技术趋于成熟,新能源客车技术在世界范围内得到快速发展,我国已有城市实现了全面的公交电动化。2018年,新能源客车技术创新主要聚焦在纯电动客车、混合动力客车、燃料电池客车以及动力电池与充电设施这几方面。

第一节 纯电动客车

纯电动客车是指驱动能量完全由电能提供、并由电机驱动的客车,电机的驱动电源来源于车载可充电储能系统或其他能量储存装置。纯电动客车具有无污染、噪声低、能量转换效率较高、使用维修方便等优点。

纯电动客车关键技术有3个方面,即整车控制技术、蓄电池及其管理技术和电机及其控制技术。

一、整车控制技术

整车控制器作为纯电动客车的核心,承担着整车动力系统控制和能量管理的重要任务,是整车研制开发的重要部件,也是实现车辆高效、可靠、安全运行的重要保证。

郑州宇通纯电动客车整车控制器采用可靠性设计方法,设计了容错和失效保护兼具的整车安全策略,提高了整车控制的可靠性;通过开发整车绝缘电阻实时监控系统、制定高压安全检测和管理控制策略对整车进行了智能安全管理,有效防止了高压安全故障的发生;建立了智能监控系统实时监控充电、行驶过程中关键安全指标,提前预警危险故障,预防了安全问题发生。

厦门金龙完成了自主32位整车控制器的升级,采用双核冗余控制,提高了功能安全等级,并集成了整车热管理功能,可确保行车更安全;已完成了金龙自主控制系统"易驱3.0"的全面升级,全面实现了AutoHold停车制动、EPB电子驻车、EAPM加速踏板防误踩、ASR驱动防滑、DSAC下坡安全辅助、CCS定速巡航等功能;整车控制实现了OTA空中下载远程升级。

安徽安凯客车采用高效永磁同步电驱动系统,动力电池采用磷酸铁锂动力电池,整个动力系统具备安全可靠、高效节能、智能控制三大优势。同时,通过整车控制、电机驱动、能量管理三位一体的智能管理以及控制策略的精确优化,使整车动力性、经济性与舒适性达到最佳平衡。

二、蓄电池及其管理技术

蓄电池是纯电动客车的动力源泉,蓄电池性能直接影响整车的加速性、续驶里程以及制动能量回收效率。蓄电池在使用中发热量很大,控制蓄电池温度可扩大纯电动客车适应性、降低整车能耗。

郑州宇通开发了高比能量、高防护等级的模块化动力蓄电池箱体,保障车辆续驶里程和动力性能的同时降低了整车重量和成本;完成了蓄电池系统IP防护等级的提升,增强了系统的安全性和可靠性;拓宽了蓄电池工作环境温度,提升了高低温环境下蓄电池的循环寿命。

厦门金龙已完成新型高能量密度蓄电池、耐寒蓄电池、耐高温蓄电池的技术储备;已经成熟掌握双枪充电技术、无线充电技术；三电系统实现了IP68防护等级。

三、电机及其控制技术

客车行驶工况复杂，需要频繁地起步、加减速、停车、负荷爬坡等，因此客车用驱动电机需要具有瞬时功率大、过载能力强、加速性能好、使用寿命长、调速范围广等特点；同时为提高续驶里程，驱动电机还要具有高效的制动能量回收能力。电机是新能源汽车动力总成的核心，是车辆机电能量转换的"心脏"。随着纯电动客车的持续发展，不同车辆配置和运行工况对电机性能形成了多样化的需求。借助于国家政策的支持与财政补贴，我国新能源车用电机得到了快速发展。国内很多高校、研究机构、汽车生产商相继投入到新能源汽车电机的研发中，并且取得了一定成果。

郑州宇通针对不同细分市场、不同区域以及不同车型的整车布置空间，基于模块化设计理念，形成了驱动电机模块化设计平台；提出了基于纯电动客车驱动电机的多物理场耦合分析方法，实现了电机效率、轻量化、NVH等各项指标的提升。

厦门金龙针对公路车大功率大转矩的特殊动力需求，研发了带挡箱驱动方案，相比于中央直驱方案，拥有爬坡度更高、质量更轻、成本更低等优势。

安徽安凯12m系列客车采用大转矩、高效率永磁同步电机，通过驱动系统的精确匹配与整车控制策略的优化设计，全面提升了整车动力性能，整车0~50km/h加速时间小于15s、爬坡能力大于15%，媲美甚至优于传统内燃机客车，适用于各种复杂路况。

比亚迪汽车的高效大功率轮边驱动系统关键技术，包括电机与驱动桥轮边深度集成技术、电机铁心直冷技术、分布式精准控制技术、IGBT复用融合技术等先进创新技术，解决了纯电动城市客车全通道低地板的技术难题。

第二节 混合动力客车

混合动力客车是指由两种或两种以上不同类型的动力源联合驱动的车辆，其行驶动力依据车辆实际的行驶状态由单个驱动系统单独或多个驱动系统共同提供。其核心技术有4个方面，即动力传动系统匹配、整车能量管理控制、电机及其控制技术、蓄电池及其管理技术。

一、动力传动系统匹配

动力传动系统是整车动力传输的实现载体，不同结构的动力传动系统不仅决定了混合动力系统的工作模式，也是制定动力分配策略的基础，它对整车的动力性、经济性、排放和制造成本都有重大影响。

郑州宇通插电式混合动力客车自主开发的双行星排混合动力系统取消了传统车辆的变速器、缓速器等动力传动部件，利用行星齿轮机构功率分流的特点，通过发动机、电机和行星齿轮结构三构件（太阳轮、齿圈、行星架）的灵活组合连接，实现了发动机转速与车速、发动机转矩与输出轴转矩的双解耦，具备电子无级变速工作模式（ECVT），从而使发动机长时间工作在经济最优或排放最优区域，具有系统集成度高、动力传递效率高、工况适应好等优点。

厦门金龙双离合混合动力系统如图6-1所示，该系统完成了自主双离合ISG混动系统的开发（双电机：TM驱动电机+ISG永磁同步电机），改善了原自主ISG同轴混联系统的动力性，显著地提高了整车的爬坡性能，可实现纯电单电机驱动、纯电双电机驱动、发动机单独驱动、混合驱动，可适应更多的山区路况。

图6-1　厦门金龙双离合混合动力系统

安徽安凯自主插电式混合动力系统（图6-2）运用了先进的同轴双电机直驱技术、高效能量管理与制动能量回收技术、多级智能故障诊断系统、基于温度及压力监控的智能热管理等关键技术，实现了整车能量的最优化管理。该系统具备纯电模式、串联模式、并联模式、混联模式等多种模式间动力无中断的全智能切换功能；动力上采用了高效、可靠、免维护的电磁离合器取代传统变速器、采用了高效永磁同步电机与发动机双擎动力技术。

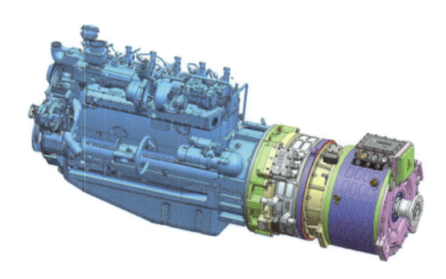

图6-2　安徽安凯自主插电式混合动力系统

二、整车能量管理控制

混合动力客车的控制需根据驾驶人操纵状态、车速、动力蓄电池荷电状态（SOC）和相关设备的状态确定发动机与电机的功率分配策略，最终实现最佳的燃油经济性、最低的排放和较好的驱动性能。

郑州宇通率先在行业内开发了面向功能安全多动力分配、多模式切换、多能源管理的整车控制策略和基于等效油耗的整车控制算法，实现了插电式混合动力客车整车功率需求在发动机和电机之间的最佳分配，优化了整车燃油经济性。

三、电机及其控制技术

电机作为动力源参与整车驱动，具有工作区间覆盖范围广、工况复杂等特点，这就要求电机在较宽的速度范围内具有高转矩密度、高功率密度、高效率、高可靠性以及良好的控制性能，能够适应发动机频繁起停和电机电动/发电状态的切换。

郑州宇通为了降低高压系统部件重量、减小高压系统部件体积、提高功率密度与美观性，提出了整车高压系统集成设计方法——五合一集成控制器，实现了驱动电机控制器、发电机控制器、转向电机控制器、DC/DC和高压配电单元的集成化设计。其采用集成化设计方案，可使系统高压连接点减少50%以上，提高了高压系统线束连接安全性。

四、蓄电池及其管理技术

混合动力客车动力蓄电池除了要满足于非周期性充放电循环对充放电倍率和循环寿命的要求外，节油率指标的提高对能量密度等提出了新的更高的需求。

郑州宇通采用功率能量兼备型动力蓄电池系统，针对插电式混合动力客车路谱、载荷谱特性，采用高性价比电芯展开系统设计开发。其通过优化箱体密封性能及应用先进电气件，实现了蓄电池包防护等级由IP54提升至IP68。

第三节 燃料电池客车

燃料电池系统即通常意义上的燃料电池发动机，它集成了电堆、氢氧供应系统、水热管理系统、电能变换系统和控制系统等。电堆是整个发动机的核心组成，基本结构包括电极、电解质隔膜与集电器（又称双极板）。工作时：氢气和氧气分别通过调压阀、加湿器后进入电堆，电化学反应产生直流电，经专用DC/DC稳压、变换后供给车辆。反应产生的水通过空气流排放到空气中，未反应的氢气经过循环装置，重新进入电堆使用，在开放空间也可以直接排放到空气中。

氢燃料电池汽车与采用锂电池的纯电动汽车都是新能源汽车的重要技术路线，从技术特点及发展趋势看，纯电动汽车更适用于城市行驶、短途行驶、乘用车等领域，而氢燃料电池汽车可能更适用于长途行驶、大型车、商用车等领域。氢燃料电池客车前期发展以城市公交车为主。目前已出现了多种类型氢燃料电池车型，如商务中巴、VAN车等。在未来以分布式为主、零排放为特征的能源主体架构中，氢燃料电池汽车会与纯电动汽车长期并存、互补，共同满足交通运输和人们出行的需要。

中国最早于20世纪50年代开展氢燃料电池方面的研究，主要以大学和研究院所牵头，部分企业开发的氢燃料电池汽车后来陆续在奥运会、世博会期间示范运行。近几年，为支持氢燃料电池汽车的发展，在科技专项、创新工程等方面进行了重点布局。

在新能源汽车补贴方面给予了氢燃料电池汽车特殊的优惠政策，产业发展取得了一定的进展，一批燃料电池系统和电堆企业快速发展，部分汽车企业也都研发推出了各自的整车产品。目前我国累计推广应用的氢燃料电池汽车已经达到2000多辆，投入运行加氢站12座，在上海安亭、北京永丰、广东佛山等地也开展了小规模的示范应用。

一、动力传动系统匹配

郑州宇通开发的12m和10m燃料电池城市客车，采用电—电混合动力系统，匹配大功率燃料电池系统和一定电量的动力蓄电池，可满足公交市场需求。针对车载储氢系统加氢过程温升现象，郑州宇通开发了氢气预冷技术，可实现氢气加注过程中的温度控制，保证了加氢过程的安全性。

厦门金龙已相继投入 2000 余万元研发费用，进行燃料电池客车的战略研发布局。2016 年其研发的 12m 燃料电池城市客车 XMQ6127AGFCEV（图 6-3），单次加氢量约 25kg，等速续驶里程达 800km。经过近 2 年的整车可靠性试验，其运行可靠，性能优异，已具备示范运营的基础。2019 年厦门金龙研发了 8.5m 燃料电池城市客车 XMQ6850AGFCEV（图 6-4），单次加氢量约 12kg，等速续驶里程达 700km。同时，厦门金龙建成了 100kW 燃料电池系统测试实验室，可开展大功率燃料电池发动机的性能测试。

图 6-3　厦门金龙 12m 燃料电池城市客车 XMQ6127AGFCEV

图 6-4　厦门金龙 8.5m 燃料电池公共车 XMQ6850AGFCEV

2018 年，中通客车推出的 9m 燃料电池公交车分别在潍坊和聊城进行了示范运行，车辆采用 35MPa 储氢系统，配置了 30kW 以上的燃料电池发动机，实际运行氢耗低于 5kg/100km，能够满足 250km 的使用要求。同年，中通客车开发的 40 台 10.5m 燃料电池公交车已在大同进行示范运行。其采用 35MPa 储氢系统，配置的 45kW 大功率燃料电池系统，在辅助加热情况下可在 –30℃ 的环境下运行。

北汽福田氢燃料电池客车应用第三代燃料电池发动机，采用高度集成模块化设计，体积缩小 20%，采用独有专利技术的 e-AIR 智能循环系统，实现了 –30℃ 低温启动、–40℃ 低温存放、停机自动保护、10～15min 加氢、400km 以上续驶里程、15000h 电堆寿命等技术突破，极大地提高了整车性能。欧辉氢燃料电池客车采用锰酸锂动力蓄电池，重量轻、寿命长、低温性能好、安全性高。欧辉氢燃料电池客车采用了氢-电-碰撞多重耦合安全技术，最大程度上避免了危险条件的达成，可全面保证车辆的安全性。

佛山飞驰客车在辽宁葫芦岛推出了 5MPa 低压合金储氢公交车（图 6-5），该车的驱动电机功率为 60kW，最高时速为 69km，合金装置储氢总量为 16.8kg。该车的续驶里程大于 370km，而充氢时间则在 20～30min。该车还安装了一个容量为 42.6kW·h 的蓄电池组。

图 6-5　佛山飞驰客车低压合金储氢公交车

二、存在的问题

随着国家与地方政府一系列政策规划引导及市场进一步发展，国内氢燃料电池技术发展迅速，一些有条件的地区已经积极开展小批量示范运营。但目前国内氢燃料电池在商业化过程中还存在一系列瓶颈问题。

（1）我们尚未形成以企业为主体的协同创新机制，规模化、高可靠性产品的产业化能力还未能形成。例如，我们的整体投入不足、技术水平不高、燃料电池电堆和系统的性能技术成熟度与国际一流水平还有较大差距，催化剂、质子交换膜等材料、空气压缩机等系统关键技术的研发水平还较低，基本依赖进口。

（2）整车制造及使用成本仍然较高，受限于技术发展、车辆制造成本、使用成本，氢燃料电池汽车与传统车、纯电动汽车相比还不具备优势。例如，发动机成本高，燃料电池氢循环泵、膜增湿器、空气滤芯等关键零部件很大程度上仍依赖于进口，国产化进程较慢，导致系统成本居高不下。

（3）国产化电堆性能有待提高，国产电堆功率密度相对较低，可靠性、耐久性相比于国际先进水平仍有一定差距。经过实际线路小批量示范运营，燃料电池系统逐渐显露出一些典型问题，如电堆功率衰减过快、绝缘阻值跳变、空气过滤效果差等，随着运营时间增长和车辆总数增加，预计将会暴露出更多问题。这些问题的出现在一定程度上影响终端用户对燃料电池车辆的认可度，因而，提高燃料电池系统及整车的安全性和可靠性仍然是当前技术发展亟须解决的关键问题。

（4）氢能基础设施的建设相对滞后，从氢源到储氢、加氢站的建设、运营、管理等多个环节我们尚未打通。对比充电站建设，加氢站建设和运营成本高，氢燃料电池汽车的市场化进程目前明显落后于纯电动汽车。

第四节　动力蓄电池及充电设施

纯电动客车的电器部件架构简单，布置形式灵活多变。动力蓄电池作为整车布置方案的重中之重，通过模块化的动力蓄电池设计，可以使动力蓄电池如积木一般，按照实际需求组装成不同的尺寸及电量组合，以适应不同大小的布置空间，在保证布置多样性的前提下，降低了研发成本，也方便了后期的电量扩展。

从车用角度看，动力蓄电池最重要的是能量密度（单位 $W \cdot h/L$）而不是比能量（单位 $W \cdot h/kg$），锂离子蓄电池在这个方面是最具优势的,现在的锂硫蓄电池、锂空气蓄电池虽然理论比能量比较高,但能量密度目前还很难超越锂离子蓄电池。2018年,磷酸铁锂蓄电池系统的比能量可达140W·h/kg。从2012年到2018年的统计数据分析,蓄电池容量在不断地提高,同时也影响了能量密度这个参数,能量密度提升有利于轻量化的发展。

相同尺寸、规格的动力蓄电池应使用相同的连接接口和通信方式,便于不同厂家的动力蓄电池适用于不同主机厂的多种车型。动力蓄电池的标准化有助于提高产品的可替换性和通用性,有利于不同车企间的产品统一,也有助于实现后期动力蓄电池的回收,并可大幅降低动力蓄电池采购成本。

随着纯电动客车的发展,充电方式的探索不再局限于复杂的换电方式与插枪充电方式,先进电子技术的发展及结构设计的不断改进,促使客车充电方式向简单化、智能化发展。目前已实现插枪充电方式,而未来还将出现边走边充、到站自动开始充电等智能化充电方式,这将幅提高纯电动客车的充电便利性。

一、动力蓄电池

国内新能源客车动力蓄电池类型主要是磷酸铁锂锂离子蓄电池、锰酸锂锂离子蓄电池、钛酸锂锂离子蓄电池。三元锂离子蓄电池因为其安全性、成本以及循环寿命等问题,暂未在客车上装车应用。2018年,国内锂离子蓄电池装机量超过57 GW·h,其中客车装机量超过17 GW·h,同比增长22%。其中,蓄电池装机量排名前十的企业装机量合计达16.4 GW·h,占2018年新能源客车总装机量的95%,行业集中度愈发集中。

磷酸铁锂蓄电池虽然自身性能决定了其能量密度较低,但其高效率输出、高安全性、极好的循环寿命、可快速充电、低成本、对环境无污染等优点仍使得磷酸铁锂蓄电池成了动力蓄电池的主力。低能量密度制约了磷酸铁锂蓄电池的发展,所以未来应大力研究如何提高其能量密度,获得超大容量的蓄电池。

相对于其他材料的蓄电池,磷酸铁锂蓄电池材料成分不均,不容易均衡,生产过程不好控制,所以对于合成工艺要求相对苛刻。工艺要求是否达到,是能否提高能量密度的关键技术,会影响整个动力蓄电池的安全稳定性能。为了更好地发展磷酸铁锂蓄电池,在工艺技术方面应投入更多时间研究。

二、充电设施

根据车辆获取电能的特性,充电设施可分为交流充电、直流充电、换电等设施。交流充电需在车辆端安装车载充电机,单枪功率不大于40kW,充电时间较长,整体利用效率低,常用于乘用车。直流充电采用功率较大的非车载充电机,单枪功率可达150kW以上,充电时间短,充电体验较好,场地利用率高,多用于商用车领域。在换电方式下,换电过程约需6min,较为快捷,但换电需要专业设备和备用蓄电池,一次性投入成本及后期管理成本极高,且蓄电池规格不易统一。

随着新能源汽车普及,用户对充电时间的要求越来越高,直流快充越来越被行业关注。郑州宇通采用直流充电方式,车辆充电系统结构简单、充电电流较大,安全性和可靠性高。郑州宇通可为用户提供充电设施整体解决方案,包括充电场站规划、设计、建设以及充电设备与监控系统配套,可确保用户新能源车辆安全、高效地充电和运营。

第七章　传统客车技术创新

目前，客车的发展依旧离不开传统汽车技术的支持，需要传统客车技术的革新来持续提高客车的整体技术水平。在《中国制造2025》的引领下，以及在新能源化、智能网联化的大时代背景下，传统客车技术的发展迎来了新的契机。

第一节　轻量化技术

客车轻量化通过材料与结构的优化，可实现客车整体质量的降低，同时还能保证客车具有稳定的综合性能，使得客车尽可能不降低耐抗性、稳定性以及舒适性，即在保证客车综合性能的前提下，优化客车整车质量。近几年来，客车轻量化技术的主要方法有3种：一是采用新型材料，二是结构优化设计，三是采用先进制造工艺。

一、新型材料

轻量化材料在客车轻量化方面具有较明显的优势，因此应用也越来越广。其中，高强度钢可以改善碰撞吸能特性并降低客车质量，在客车上应用的比例逐年增加。近两年，随着对客车轻量化要求的提高，材料方案也在迅速转变，铝合金、镁合金、碳纤维以及聚合物基复合材料等也逐渐在客车上得到了应用。

1.高强度钢

在同样强度需求的情况下，使用高强度钢可降低钢板的壁厚。除此之外，车身结构抗凹陷性、耐久强度和大变形冲击强度等安全性方面的指标也可得到提升。

郑州宇通通过采用高强度钢和冲压复合结构，可使8m公交整车较老产品轻800kg以上，已在新能源公交产品中得到全面推广应用（图7-1）。宇通应用超高强度钢（抗拉强度达到1.18GPa的DP1180超高强度钢），以及通过优化防撞梁截面形状采用了"日"字形截面防撞梁代替双梁并焊结构、尺寸、厚度、材料参数等，在保证侧面碰撞法规认证试验性能的前提下，实现了轻量化。

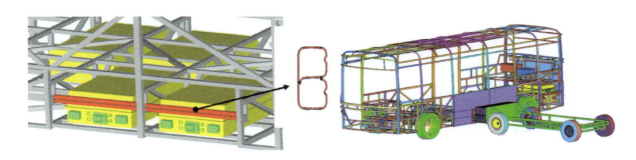

图7-1　高强度钢蓄电池箱侧面防撞梁结构

高强度钢还广泛应用于车轮、车桥、悬架、传动轴、转向机构等，这些零件具有很大的减重潜力，如高强度钢替代普通钢制作转向转动机构零件。

2. 铝合金

铝合金客车具有轻量节能、防腐效果好、使用寿命长、可循环回收等多种优势，在北美、欧洲、大洋洲等地区占据了较大的市场份额。除此之外，铝合金车身骨架还具有无须防腐、安全性高、回收利用率高等优势。

铝合金在国内客车企业中也有较多应用，以比亚迪为例，其所有客车均为铝合金车身。铝合金车身骨架强度比传统Q235、Q345等钢质骨架车身更高，在满足各工况强度与刚度的要求下，通过对结构件的截面参数的优化进行轻量化设计，并运用拓扑优化方案进行车身骨架的铝合金型材断面设计，可使整体铝车身骨架减重30%~40%。

郑州宇通2018年重点开展铝合金、复合材料车身、高强钢车身轻量化技术研究，突破了顶置蓄电池纯电产品铝合金车身设计、材料应用、工艺实现关键技术，开发了10.5m铝车身公交车，较钢车身同配置产品减重1200kg，并通过了可靠性试验验证。

如果客车制动系统由盘式制动器代替鼓式制动器，减重效果也非常良好。江苏恒力制动器制造有限公司在此基础上，应用轻量化材料进一步降低了其质量。该公司试用钢铝混合材料制造制动盘，采用铝合金材料制造制动钳和制动踏板。由这些材料制成的部件已成为众多客车生产企业的指定标配产品。

3. 镁合金

镁合金是典型的绿色结构材料，其密度小于车用玻璃纤维增强聚合物，与碳纤维复合材料相当，且其成本稍低。目前，应用在客车上的是锻造镁合金和铸造镁合金，由于镁合金脆性较高，因而一般不用于承载件，其中铸造镁合金主要用于支架、壳体等非结构件，锻造镁合金主要用于转向盘骨架、座椅骨架等结构件。例如：应用镁合金或者铝合金压铸的转向盘骨架，镁合金锻造的轮辋等。

珠海银隆与福建坤孚有限公司共同研发的12m镁合金车身城市客车是全球首辆镁合金客车。相比该车型的钢结构车身，其总质量从2t减轻到0.9t，实现了55%的减重，降低能耗45%。

4. 复合材料

工程材料和复合材料作为轻量化材料，已经在客车上越来越多地得到了应用。相比于金属工程塑料，同样结构可减重40%，且大都应用于车身的内外饰件上，如仪表盘、扶手和车窗等，造型自由度提升空间大。

玻璃在整车质量中占2%~3%，作为整车轻量化的一部分不可或缺。客车前风窗玻璃主要采用夹层玻璃，侧窗和后风窗玻璃主要是钢化玻璃。侧窗玻璃采用合成树脂玻璃后，可以减重约170kg，减重率约为50%。地板若采用轻量化材料，减重效果也非常明显。如采用高填充硬质聚氯乙烯（R-PVC）中空地板，可以减重约20kg，减重率约18%。复合材料也应用于客车车顶，可由上下两层表皮及中间轻质抗压填充材料粘接而成，相比传统客车的铝制车顶，复合材料具有质量轻、强度高的优点。

苏州金龙在纯电动客车上采用复合材料车顶替代传统的车顶，减重可达250kg。宇通公司突破夹层复合材料承载件设计、多材料车身连接关键技术，开发了12m复合材料公交车，应用夹层复合材料，整备质量9020kg，比现有钢车身轻25%。

二、结构优化设计

结构优化设计是指通过拓扑优化、尺寸优化和形状优化改变车身构件布局、构件截面参数和构件形状特征使车身构件受力更加合理、车身整体更加协调，从而达到减重的目的。

减小车身骨架管材壁厚尺寸，可使客车车身骨架质量大幅降低；减小零部件厚度，设计优化零件形貌，减少用于增强刚度的加强件数目，均可减小车身质量。例如，苏州金龙采用有限元分析手段，对客车底盘结构进行优化设计，8个车型累计实现减重1799kg，其中KLQ6115HZAEV新能源客车通过结构优化以及应用高强度钢后减重达280kg。

三、先进制造工艺

随着客车轻量化的要求越来越高，高强度钢和轻质材料的应用范围越来越广，相应地，激光拼焊、热成形、内高压成形、辊压成形、先进的连接技术、涂装等制造技术也不断地提高和创新。

厦门金龙开发的一种客车冷弯座椅的固定型材及其制造工艺，通过引入高强度钢材料以及高强度钢辊压新工艺、计算机辅助工程（CAE）分析结构优化设计等方法，将公路客车常用的座椅固定槽钢与地板主纵梁结合设计，提升了结构的强度，实现了部件轻量化45%。

第二节 主、被动安全技术

客车的载客量较大，一旦发生交通事故往往会造成群死群伤和巨大的财产损失。近年来，主要客车企业借助电子信息技术、计算机及网络技术，从底盘、车身结构和智能控制等方面对车辆安全性进行了大量的研究和开发。随着《营运客车安全技术条件》于2017年4月1日正式实施，一批主动安全装置和被动安全装置先后在客车上得到了应用，营运客车的安全性有了很大的提高，对保护车内外成员生命安全、减轻事故伤亡程度起到了重要作用。

一、主动安全技术

主动安全技术可以使汽车具备主动避免发生意外事故的能力。除常规制动系统外，客车主动安全技术分为防滑控制和智能安全2个系统。防滑控制系统主要包括防抱死制动（ABS）、驱动防滑控制（ASR）、电制动力分配（EBD）、电子驻车（EPB）、电子制动（EBS）、驱动力控制（TCS）、电涡流缓速器、液力缓速器、发动机进排气辅助制动、轮胎气压自动监测系统及辅助充气装置等功能或设备；智能安全系统主要包括智能避撞（前向碰撞预警、车道偏离预警、疲劳驾驶预警、自动泊车、行人识别和标志识别等）、电子稳定控制、自适应巡航控制、环境感知、夜视增强、夜视巡航、抬头显示、自适应前照灯控制和360°全景环视等功能。主动安全技术与智能网联技术及辅助驾驶技术之间的相互融合，可以有效地遏制和减少因在客车本身安全性能不足导致的交通事故。

在智能网联技术方面，智能车队安全管理系统的研发及应用实现了行驶环境数据监控、驾驶行为分析和多中心数据监控等功能，可以为客车提供基于车辆安全、故障诊断、安全管理、能耗管理的多维度服务。在辅助驾驶技术方面，通过融合雷达、视觉、通信、导航等信息的感知、决策、控制算法，可以实现客车的障碍物识别跟踪、轨迹规划等功能。行车预警系统、车道偏离预警系统、行人碰撞预警系统、车距检测报警系统、前车碰撞预警系统、自动紧急制动系统（AEBS）及自适应巡航系统（ACC）等主动安全技术，可在前方行人及车辆存在碰撞危险时发出警告，预防和减少行驶中因驾驶人疲劳、分神等各种突发状况引发的交通事故。

郑州宇通客车针对事故发生前安全行驶、危险警示、干预控制3个阶段（图7-2），利用智能化及车联网技术实现了"人—车—路（环境）"闭环交互，自主研发了一系列主动安全技术，提高了客车危险预警、预防和避险能力，降低了碰撞和侧翻事故发生风险。

二、被动安全技术

被动安全技术是指在事故发生时和发生后，客车能够对车内乘员及外部行人提供避免或降低伤害的客车相关安全设计、设备和设施，其决定了事故发生时和发生后乘员的伤亡及损失严重程度。因此，客车对被动安全性的要求要远高于其他车辆,应针对碰撞、倾翻、火灾等主要事故形态,从设计、制造等方面采取相应的安全技术措施,配备完善安全设施和设备,以达到提高客车被动安全性的目的。

图 7-2　郑州宇通客车采用的主动安全技术

1. 车身结构安全

良好的车身的结构设计可以大幅提高客车的被动安全性能。如高强度钢冲压保险杠、贯通吸能式正面碰撞防护结构、封闭环式侧翻防护结构等可提升客车的碰撞和侧翻的安全性能。

厦门金龙公司通过近几年来的技术积累及 CAE 仿真分析手段,在原先"3H"金刚封闭环的基础上,在侧围立柱上大量采用 Q700 高强度钢及在侧围立柱与舱门立柱上采用错位拼接等技术,不仅实现了生存空间余量比原先提高了近 1 倍,同时车身骨架质量反而降低了约 120kg。

厦门金龙公司技术人员根据目前平头客车后置后驱的特点,开发了由前到后可分批次吸能、从左到右布置多条传力路径并匹配合适吸能盒(图 7-3)的车身结构,使刚性墙碰撞作用力能够快速卸载,确保了客车前部结构既有充足的生存空间保护驾驶人的安全(图 7-4),又能使乘客区的加速度降低到合理范围,使乘客区假人伤害值满足法规要求。该车身结构为交通运输行业首个完全满足《客车正面碰撞乘员保护》(送审中)要求的车身结构。

图 7-3　传力路径示意图

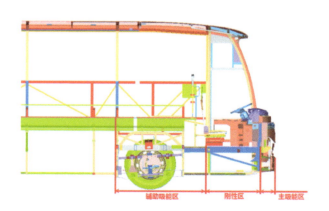

图 7-4　主辅吸能区示意图

郑州宇通为提升新能源客车尾部碰撞安全性，研发了尾部碰撞防护结构（图7-5），其通过设置吸能器和优化传力结构，在整车被客车、货车等大型车辆追尾时，可以避免蓄电池及高压零部件受到挤压而损坏。

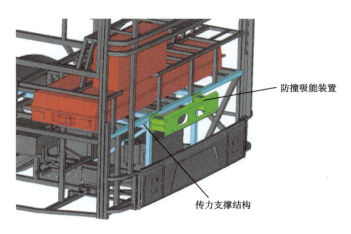

图7-5　尾部碰撞防护结构及效果

2. 逃生系统

逃生系统可以降低火灾等意外事故发生后造成的损失，确保车内乘员、驾驶人能够快速转移到车外。目前，客车主要逃生装置包括外推式应急窗、自动破窗器及应急锤、安全应急开关、一键逃生应急门等。安全应急开关一般安装在驾驶人座椅附近，便于驾驶人就近操作。启动应急开关后，可迅速实现以下功能：发动机迅速停止工作、起动车内应急照明、接通车辆危险警告信号、切断电磁式电源总开关。

郑州宇通开发的应急门逃生系统，可通过手动机械方式和电控一键触发方式开启应急门，（图7-6）。当发生紧急情况时，如车辆遭遇车祸、火灾等紧急情况下，驾驶人可按下应急门紧急启动开关，可一键开启应急门，同时开启车内应急照明、接通危险警告信号等功能，达到快速逃生的目的。车内驾驶人或乘客也可通过手动机械开关开启应急门。

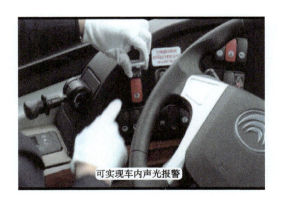

图7-6　一键逃生应急门系统

3. 客车防火技术

客车车厢为乘客高度密集的区域，该区域内存在大量内饰件，在发生火灾时，火势蔓延迅速，车厢内乘员疏散缓慢，危险性高，灾情后果严重。为保证车辆使用过程中拥有较全面的防火安全性，必须采取一些被动的防火措施，如在电器舱或乘员舱内使用新型防火材料来减缓或阻止发生火灾时火势的蔓延，增加乘客逃生时间，这是比较直接且有效的方法。

北汽福田为发动机舱配有温度报警及自动灭火装置，实现了车辆状态的实时监控；并应用防火墙钢板，可以大幅阻滞火势蔓延速度，保障乘员安全；其整车材料均能阻燃，热源附近全系采用A级阻燃材料，安全性能更佳。

比亚迪客车的防火棉由二氧化硅气凝胶和纤维增强材质组合而成（图7-7），其中二氧化硅气凝胶起主要防火作用。生产时将制得的二氧化硅气凝胶颗粒与增强材料及粘合剂复合，经模压或浇注二次成型。该材料具有较高的孔隙率、纤细的纳米多孔网路结构，可显著降低气体分子热对流和材料自身的热传导，是已知热导率最低的固体材料之一。

浙江通达塑业有限公司自主研发的阻燃专用地板革，由装饰层、耐磨层、底层、布基层一次挤压成型。产品具有环保、耐磨、防滑、防油污、耐酸碱、隔音、阻燃等多种特性。

4.其他被动安全技术

1）缓冲吸能式护栏

《客车座椅及其车辆固定件的强度》（GB 13057—2014）对座椅及防护栏提出了更为严格的要求。其要求防护栏既要满足耐撞性，又要满足吸能性。然而，传统的防护栏很少有能同时兼顾这两个性能的。

厦门金龙客车公司新开发的缓冲吸能式护栏，通过结构分离实现了性能统一，该护栏将吸能性与耐撞性集成在了一个防护栏上，如图7-8所示。其主要由上模块组件、下模块组件、连接上下模块的限力吸能波纹管、缓冲吸能泡棉护套组成。上模块组件、限力吸能波纹管及缓冲吸能泡棉护套主要考虑防护栏的缓冲吸能性，将乘员与上模块组件的碰撞力限制在一个较小的范围内，以降低乘员的头部伤害。下模块组件主要是考虑防护栏的耐撞性。

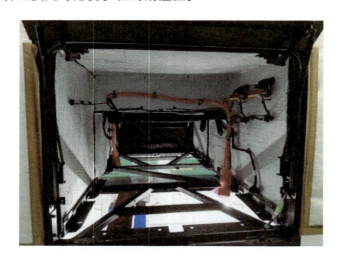

图7-7 防火棉后舱安装效果图

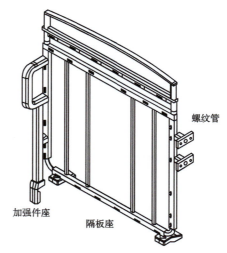

图7-8 吸能缓冲式护栏结构示意图

2）安全座椅

根据《中国客车安全评价规程》（C-SCAP）的内容，按照"比我国现有强制性标准更加严苛"的要求，厦门金龙客车公司在乘员座椅上大量采用了Q700高强度钢、变截面靠背管、靠背管重要截面圆形变方形、增加椅脚固定点及开发座椅固定异形截面型材等技术，大大提高了座椅靠背的刚性及与车身骨架的连接强度，限制了乘员在碰撞过程中的运动空间，同时又能确保乘客伤害值满足法规要求，能够达到"C-SCAP"座椅安全性能满分要求。

第三节　发动机技术创新

传统发动机的技术进步主要依赖于国家排放和油耗法规的不断加严升级来推动发展。随着《重型柴油车污染物排放限值及测量方法（中国第六阶段）》（GB 17691—2018）、《重型商用车辆燃料消耗量限值》（GB 30510—2018）（俗称第三阶段油耗标准）的发布实施，国内柴油机技术不断发展，技术创新成果不断产出，柴油机朝着低排放（近零排放）、低油耗、轻量化、舒适性、可靠性等方面不断发展进步。

一、国六排放技术

GB 17691—2018（国六排放标准）规定了实施时间表，即在2019年7月1日开始在燃气机上实施国六A阶段，而城市用车将于2020年7月开始实施。相对于国五排放标准，国六排放标准更为严格，排气污染物限值更为苛刻，且增加了新的检测项目，包含发动机台架非标准循环（WNTE）试验、整车车载法PEMS试验等。为满足国五排放标准，国内主流柴油机厂家均采用了发动机高压共轨喷射系统以及SCR后处理系统。后处理系统主要针对NO_x排气污染物的机外净化，而颗粒物PM靠机内净化措施即可满足要求。为了满足国六排放标准，需要同时强化机内净化措施和机外净化措施，特别是对后者的加强。机外净化措施除了继续降低NO_x排放外，还要增加颗粒捕集器（DPF）以降低PM排放。增加DPF再生的装置和机构，将使发动机本体更加复杂和精密。

国内柴油机厂家应对国六排放法规的主流排放技术路线主要有2种，一是采用EGR+DOC+DPF+SCR+ASC（简称EGR+SCR技术路线）的方案，二是采用DOC+DPF+Hi-SCR+ASC（简称高效SCR技术路线）的方案。排放技术路线的选择比较复杂，主要考虑发动机排量及主要使用工况、应用场合、技术成熟度、成本及可靠性等方面。潍柴在9L及以上排量的柴油机上采用高效SCR技术路线，9L以下排量柴油机采用EGR+SCR技术路线。玉柴在10L及以上排量柴油机上采用高效SCR技术路线，10L以下排量柴油机采用EGR+SCR技术路线。

2018年10月1日，由玉柴生产的柴油机K08机型在中国汽车研究中心汽车检验中心（天津）有限公司通过了我国重型车国六B阶段排放标准认证，成为国内第一款拿到国六B阶段排放标准认证报告的国六柴油发动机。

二、发动机轻量化技术

发动机的轻量化也是发动机发展的一个主要方向之一，有助于降低整车质量。
广西玉柴YCS06采用无气缸套结构设计，非承压件采用工程塑料材料，引入国际主流的精益设计方法（图7-9）。其齿轮系采用无惰轮设计，并将共轨管、ECU直接安装在机体气缸盖上，减少了支架类零部件的应用，平台减重效果明显。YCS06机型比国五排放标准对应的产品质量降幅近30%。

图7-9　工程塑料气缸盖罩及油底壳

三、发动机结构新技术

广西玉柴应用同步于欧洲的"顶置凸轮轴＋滚轮摇臂"技术（图7-10），起点较高，其可靠性、经济性、舒适性等综合性能指标优于传统凸轮轴侧置发动机。该技术采用整体式单缸四气门气缸盖，自顶向下冷却方式，可有效降低鼻梁区温度，大幅降低发动机气缸盖等核心零件的温度敏感性和材料机械强度热衰退性，对整机刚度、燃烧及适应不同温度工作能力均有明显提升；单顶置式凸轮轴大大提高了配气机构的刚度，可有效减少振动，降低零件的功率消耗和摩擦损失，也使得配气机构的行程更为准确。该技术标配集成压缩式气缸内制动，制动功率大，可提高整车的可靠性。

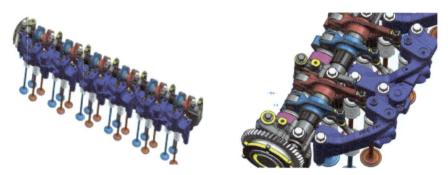

图7-10 "顶置凸轮轴＋滚轮摇臂"技术

四、客车热管理系统

客车发动机除了需要给客车行驶系统提供能量外，也需要为其他耗能单元提供必要的能量。客车各耗能单元的低功耗以及冷却模块的高效工作可降低客车的整体能耗。

郑州宇通自主研发的二代热管理系统（图7-11）核心组成部分包括控制器、冷却模块和电子风扇，通过以上3部分协同工作，可使发动机工作在最佳温度区间，在不同车型上可实现8%～13%的节油率。

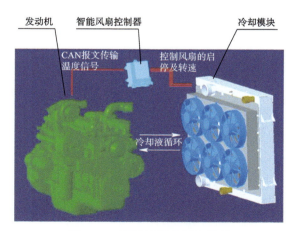

图7-11 二代热管理系统组成

电子风扇可实现PWM无级调速，通过CAN总线获取发动机冷却液温度及中冷器温度进行调节，当发动机冷却液温度或中冷器温度达到ECU内部标定的温度参数后，电子风扇控制器ECU分别控制散热器或中冷器冷却风扇工作。

通过控制器对发动机实时工况进行监控，可确保发动机处于最佳工作温度区间，保证发动机的比油耗最低，燃油消耗及机件磨损最小。目前，该系统已在宇通大中型公路客车及新能源公交车上实现标配，并在轻型客车上得到了广泛应用。经对比试验及用户实际反馈表明，应用二代热管理系统除了实现车辆大幅节油外，还可大幅降低整车噪声。

第四节　清洁能源的应用

清洁能源汽车，又称为新能源汽车、清洁汽车，是以清洁燃料取代传统汽油的环保型汽车的统称，其特征在于能耗低、污染物排放少。传统的清洁能源有液化天然气、甲醇、乙醇等，甲醇燃料近年来得到了市场的青睐。

郑州宇通在2018年销售了ZK6100JG1甲醇城市客车100台（图7-12），分别在山西省长治市第一汽车运输有限公司和山西汽运集团长治汽车运输有限公司试运营。ZK6100JG1甲醇客车比相似配置的ZK6110NG天然气客车购车成本略低，但以目前市场上整体燃料价格来看，甲醇客车燃料经济性优于同配置柴油车，但不如天然气车辆。

图7-12　宇通甲醇城市客车

第五节　其他系统技术创新

传统客车技术的发展还包括很多方面，主要是对传统技术的革新、升级等，如先进的底盘控制技术、防爆胎技术等。

一、底盘新技术

1. 协同控制悬架技术（图7-13）

郑州宇通提出了"车轮交叉联接，车轴平行联接"的设计理念，利用液压油缸和蓄能器进行气液耦合设计，实现了传统悬架无法达到的非线性侧倾刚度特性和极限工况下提供的传统悬架3~5倍的侧倾刚度，提高了车辆侧倾稳定性；通过垂向阻尼与侧倾阻尼的解耦，实现了垂向阻尼与侧倾阻尼的分别匹配，提升了乘坐舒适性与操纵稳定性。

郑州宇通同时开发了集成式减振单元，通过对减振阀系流固耦合优化设计和性能调校，完成了集成式一体化减振单元开发，简化了减振单元结构，使集成式减振单元比普通减振器减重约75%；通过增大散热面积，降低了减振单元温度；采用宝塔式阀片设计，改善了阀片受力形变，使减振单元寿命可达到普通减振器的6倍，有效降低了车辆维护保养成本。

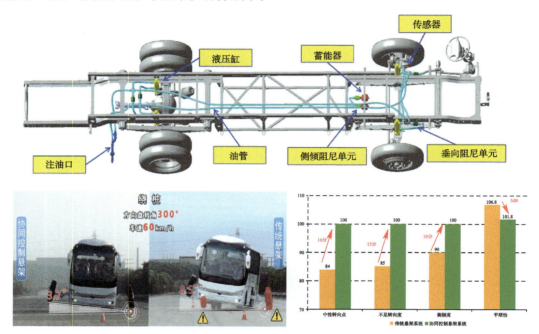

图7-13　协同控制悬架结构、性能及验证

2. 信息融合智能互联油气悬架

信息融合智能互联油气悬架是一套综合、高效、节能、经济的智能悬架系统。金龙客车公司使用的该系统集悬架结构调整、车辆运动参数监测、车身稳定性主动控制等多项功能于一体，能够在实现车辆的安全性能最大化的同时，保证良好的舒适性。与传统悬架相比，信息融合智能互联油气悬架具有悬架的互联构型可变、可针对不同运动模态进行控制、悬架的阻尼参数可调、可更大限度地提高车辆的平顺性等优点。与现有的主动悬架相比，信息融合智能互联油气悬架具有构型切换控制所需的能量小、节能高效、附加的硬件投入少、性价比高等特点。

3. 电控液压主动转向技术

郑州宇通在系统研究液压助力转向系统（HPS）助力模式算法的基础上，开发了电控液压主动转向系统（C-EHPS）（图7-14），该系统能够在助力模式以及转角控制模式之间进行智能切换，可实现高速转向沉稳，低速转向轻便，极大提升了驾驶舒适性和行驶安全性。

二、防爆胎技术

真空轮胎在发生爆胎或严重失压后会使轮胎脱圈阻力急剧减小，此时，轮胎在偏向力的作用下受到地面拖拽会使胎圈卷入槽底，轮胎与轮毂发生分离。金属轮毂在车轮失压后的0.3s内会因轮胎丧失支撑力下沉而直接与路面接触，这时车轮将丧失依靠轮胎向地面传递驱动力、转向力及制动力等的功能，从而导致车辆"雪崩"式失控,发生严重的侧滑、翻车事故。

泰斯福德汽车公司的汽车爆胎应急安全装置(TESD)可安装于车轮轮槽部位,能有效填补轮辋内径差,避免了轮胎失压后卷入槽底或脱离轮辋的可能。TESD 能利用失压轮胎有效支撑,形成橡胶垫,避免金属轮毂直接触地打滑。装置上的凸起机构能使轮辋内部形成可靠的齿轮结构,与失压轮胎紧紧咬合,这样,"履带传动模式"的车轮在爆胎后也能正常地向地面传递驱动力、转向力和制动力。

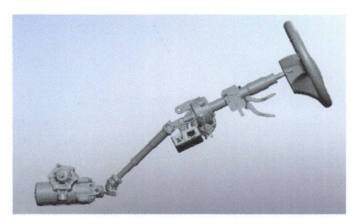

图 7-14　宇通电控液压主动转向系统

附录 2018年度客车行业大事记

一月

3日，交通运输部印发《道路客运接驳运输管理办法（试行）》，本办法自2018年5月1日起实施，有效期5年。

4日，国家发展改革委发布《国家发改委关于2017年度国家地方联合工程研究中心的复函》，同意包括新能源汽车关键零部件、智能网联、动力蓄电池回收利用等行业9大研究中心建设。其中包括智能网联汽车类研究中心3个，新能源汽车整车类研究中心1个，新能源汽车动力系统类研究中心2个，新能源汽车动力蓄电池类研究中心3个。

4日，以郑州宇通新能源技术优势为依托，我国客车行业首个燃料电池与氢能专业研发平台——郑州市燃料电池与氢能工程技术研究中心获郑州市科技局批准组建。

5日，国标委对《电动车和混合动力车无线电骚扰特性用于保护车外接收机的限值和测量方法》《电动客车大功率充电系统通用要求》《电动汽车无线充电系统商用车应用特殊要求》《电动汽车无线充电系统互操作性及测试》4项新能源汽车行业标准拟立项国家标准。

9日，继2016年底投放1100辆比亚迪纯电动公交车之后，西安市再投放1900辆比亚迪纯电动公交车。至此，西安累计推广比亚迪公交车突破3000辆，成为西北地区运营纯电动公交车最多的城市。

18日，工业和信息化部公示了2016年度新能源汽车推广应用第二批补助资金补充清算申请材料初步审核情况。此次共有14家企业的15131辆新能源车申报补贴，总金额为近32亿元，实际通过专家组核定的车辆共14729辆，应清算补助资金30亿元。未通过认定的车辆共计402辆，金额为1.137亿元。

23日，科技部发布《关于支持建设国家新能源汽车技术创新中心的函》，原则同意建设国家新能源汽车技术创新中心。中心要立足北京、涵盖京津冀、面向全国、辐射全球，围绕新能源汽车产业重大需求，加大重大关键技术源头供给，打造世界新能源汽车技术创新的策源地。

二月

1日，福田欧辉揽获全球首批最大氢燃料电池公交车订单，49台氢燃料电池客车将助阵2022京张冬奥会。

15日，厦门金龙阿波龙无人车亮相央视春晚珠海分会场。

28日，发展改革委与能源局联合发布《关于提升电力系统调节能力的指导意见》，意见指出将提高电动汽车充电基础设施智能化水平，探索利用电动汽车储能作用，提高电动汽车充电基础设施的智能化水平和协同控制能力，加强充电基础设施与新能源、电网等技术融合，通过"互联网+充电基础设施"，同步构建充电智能服务平台，积极推进电动汽车与智能电网间的能量和信息双向互动，提升充电服务水平。

三月

3日，全国两会成功召开，郑州宇通客车第14年入选全国两会服务用车行列。143辆郑州宇通客车服务全国两会，为会议召开和代表通勤提供保障。福田欧辉新能源客车承担2018全国两会期间安全保障用车重任。

5日，工业和信息化、科学技术部、环境保护部、交通运输部、商务部、国家质量监督检验检疫总局、国家能源局七部门联合发布《关于组织开展新能源汽车动力蓄电池回收利用试点工作的通知》。通知要求在京津冀、长三角、珠三角、中部区域等选择部分地区，开展新能源汽车动力蓄电池回收利用试点工作，以试点地区为中心，向周边区域辐射。支持中国铁塔公司等企业开展动力蓄电池梯次利用示范工程建设。

7日，国家能源局出台的《2018年能源工作指导意见》指出，要统一电动汽车充电设施标准，优化电动汽车充电设施建设布局，建设适度超前、车桩相随、智能高效的充电基础设施体系。2018年将积极推进充电桩建设，年内计划建成充电桩60万个，其中公共充电桩10万个，私人充电桩50万个。

23日，福田欧辉氢燃料电池客车荣膺长城国际可再生能源论坛官方指定用车，以绿色品质服务论坛。

27日，工业和信息化部印发《2018年新能源汽车标准化工作要点》。要点提出，2018年新能源汽车标准化工作的总体思路是：全面深入贯彻党的十九大精神，以习近平新时代中国特色社会主义思想为指导，贯彻落实《节能与新能源汽车产业发展规划（2012—2020年）》和《汽车产业中长期发展规划》，从加快促进新能源汽车产业提质增效、增强核心竞争力、实现高质量发展出发，突出抓好重点标准领域和关键标准项目，着力优化新能源汽车标准体系建设，加强国际标准法规的参与和协调，支撑汽车产业供给侧结构性改革，推动新能源汽车高质量健康可持续发展。

四月

2日，工业和信息化部、财政部、国家税务总局发布的公告指出，《免征车辆购置税的新能源汽车车型目录》实施动态管理。对2017年1月1日以前列入《目录》后截至本公告发布之日无产量或进口量的车型、2017年1月1日及以后列入《目录》后12个月内无产量或进口量的车型，经公示5个工作日无异议后，从《目录》中予以撤销。从《目录》撤销的车型，自公告发布之日起，机动车合格证信息管理系统不再接收带有免税标志的撤销车型信息，税务机关不再为其办理免征车辆购置税优惠手续。

3日，《智能网联汽车道路测试管理规范（试行）》正式发布，对智能网联汽车道路测试申请、审核、管理以及测试主体、测试驾驶人和测试车辆要求等进行了规范。

10日，20台比亚迪eBus-7纯电动巴士在韩国济州岛正式投入运营，这是济州岛知名景区牛岛的首支纯电动巴士车队，也是韩国规模最大的一支中型电动巴士车队，更是东北亚国家单批最大规模的电动客车交付。

11日，工业和信息化部、公安部、交通运输部发布的《智能网联汽车道路测试管理规范（试行）》明确测试主体、测试驾驶人及测试车辆应符合的条件。测试车辆应在封闭道路、场地等特定区域进行充分的实车测试，符合国家行业相关标准，符合省、市级政府发布的测试要求以及测试主体的测试评价规程，具备进行道路测试的条件。

13日，郑州宇通T7高端公商务车，荣获"博鳌亚洲论坛年会优质服务车辆"的称号。

17日，国家发展改革委就制定新的外商投资负面清单及制造业开放问题答记者问。发改委表示，汽车行业将分类型实行过渡期开放，2018年取消专用车、新能源汽车外资股比限制；2020年取消商用车外资股比限制；2022年取消乘用车外资股比限制，同时取消合资企业不超过2家的限制。通过5年过渡期，汽车行业将全部取消限制。

19日，财政部、工业和信息化部、科技部、发展改革委发布《关于开展2017年及以前年度新能源推广应用补贴资金清算申报的通知》。通知明确提出，各级牵头部门应提交本地汽车生产企业2017年1月1日至12月31日中央财政补贴资金清算申请报告；对于2015年度、2016年销售上牌但未获补贴的车辆按照对应年度补贴标准执行，运营类车辆累计行驶里程达到2万km（截至2017年12月31日）即可获得补贴资格。

五月

4日，交通运输部、公安部、应急管理部联合发布《道路旅客运输企业管理规范》。《规范》指出，拥有20辆（含）以上客运车辆的客运企业应当设置安全生产管理机构，配备专职安全管理人员，并提供必要的工作条件。

9日，美国第三大机场——洛杉矶国际机场宣布购买20台比亚迪纯电动大巴，组建全美最大的纯电动机场大巴车队。

22日，国务院关税税则委员会发布关于降低汽车整车及零部件进口关税的公告。公告称，自2018年7月1日起，降低汽车整车及零部件进口关税。汽车整车税率为25%的135个税号和税率为20%的4个税号降至15%，将汽车零部件税率分别为8%、10%、15%、20%、25%的共79个税号的税率降至6%。

22日，工业和信息化部发布撤销《免征车辆购置税的新能源汽车车型目录》的车型名单，根据《中华人民共和国工业和信息化部财政部国家税务总局公告》（公告2018年17号）的要求，工业和信息化部会同国家税务总局对2017年1月1日以前列入《免征车辆购置税的新能源汽车车型目录》的车型的产量或进口量行了核查，对无产量或进口量的车型予以撤销。

25日，工业和信息化部公示《关于2017年及以前年度新能源汽车推广应用补助资金初步审核情况》，经审核，2016年和2017年新能源汽车企业应清算补贴资金约189.7亿元。2016年新能源企业申报推广数为51016辆，企业申请清单资金为124.63亿元，专家组核定推广数为50208辆，应清算补助资金123.33亿元。2017年新能源汽车企业申报推广数为230616辆，申请清算资金为96.01亿元，专家组核定的推广数为161667辆，应清算补助资金为66.41亿元。

25日，新能源汽车运行服务与管理中心发布《关于〈新能源汽车国家监管平台车辆运行里程核查方法（2018）〉公示的通知》。《通知》指出，按照已形成的《新能源汽车国家监管平台车辆运行里程核查方法（2018）》，里程核查主要对车辆数据真实性、完整性进行检测，测评周期内车辆数据经过里程核查流程后得到3个输出量，分别为：上线里程、GPS里程和有效里程，由以上3个结果，对最终认定核查里程进行判定。

25日，国家发展改革委发布了《汽车产业投资管理规定（征求意见稿）》，《征求意见稿》规定，新建纯电动汽车资质审批权下放至地方。

28日，由交通运输部运输服务司审定，中国公路学会客车分会组织编写的《中国客车行业发展报告（2017版）》在本月发布，该白皮书在政府、企业和行业有关机构中产生了巨大影响，已成为交通运输部运输服务司行业发展报告中的第三张名片。

28日，"第十四届国际交通技术与设备展览会"的重头戏之一是由客车分会举办的"2018中国道路运输车辆及零部件展览会"。今年展会以"创新、共享、融合"为主题，综合展示道路运输装备及零部件等领域最新的技术、产品和解决方案，尤其是达到世界先进技术水平的中国客车。展会汇聚了郑州宇通、比亚迪、厦门金龙、玉柴、潍柴、欧科佳等整车、零部件知名企业共计200多家。展会现场，有10多家企业进行了新产品、新技术发布，充分展示了客车业最前沿的科技动向，以及高质量的产品成果。客车分会还组织了"2018客车技术发展论坛——客车安全进行时"。

28日，为了弥补国内外客车安全测试评价领域的空白，客车分会、重庆车辆检测研究院有限公司、中国交通报社、清华大学（汽车工程系）4家单位联合推出了《中国客车安全评价规程》。《评价规程》从制动安全、稳定安全、结构安全、保护安全4个维度，选取最具代表客车安全性能的关键项目对营运客车进行测评。2018年5月，《中国客车安全评价规程》首批3个车型的测评结果发布，厦门金龙、郑州宇通、厦门金旅各有1款车型荣膺国内首批五星安全客车。交通运输部官网、中国汽车报、中国交通报、中国网、人民网、中国经济网等国内权威网站和主流媒体进行了报道和转载。

29日，中国汽车工业协会、中国汽车动力电池产业创新联盟发布了《汽车动力蓄电池和氢燃料电池行业白名单（第一批）》，深圳比亚迪、国轩高科、国能电池、比克电池、亿纬锂能、鹏辉能源、北京普莱德、重塑能源等21家企业入围，其中三星环新（西安）动力电池有限公司、南京乐金化学新能源电池有限公司、北京电控爱思开科技有限公司3家韩国企业入选。

30日，郑州宇通2018年新能源全系产品发布会在上海召开。发布会以"智联升级，宇见未来"为主题，重磅推出了E6、E8及E8-Plus、E10、E12等新能源城市客车。发布会同期，宇通还进行了智能驾驶现场连线，达到自动驾驶等级的纯电动客车在郑州宇通厂区实验运营，郑州宇通携与会嘉宾共同见证了又一个新里程碑的诞生。

六月

7日，国家标准化管理委员会公布关于批准发布《工业硼酸》等393项国家标准和7项国家标准外文版的公告，其中涉及新能源汽车领域的国标共5项。《电动汽车车载静止式直流电能表技术条件》（GB/T 36277—2018）、《电动汽车用驱动电机系统电磁兼容性要求和试验方法》（GB/T 36282—2018）、《电动汽车充换电设施接入配电网技术规范》（GB/T 36278—2018）、《燃料电池电动汽车燃料电池堆安全要求》（GB/T 36288—2018）和《锂离子电池用聚烯烃隔膜》（GB/T 36363—2018）5项国标将于2019年1月1日实施。

20日，工业和信息化部发布：公开征求对强制性国家标准《汽车事件数据记录系统》（征求意见稿）的意见。该意见规定了M1类车辆的汽车事件数据记录系统（EDR）的术语和定义、技术要求、试验方法、外观标识及型式检验等内容。该标准适用于M1类车辆的汽车事件数据记录系统的设计、制造、检验及使用。

21日，比亚迪与英国巴士制造商亚历山大·丹尼斯（ADL）联手斩获伦敦首个大规模纯电动双层大巴订单中的37台。

28日，国家发展改革委、商务部发布《外商投资准入特别管理措施（负面清单）（2018年版）》，自2018年7月28日起施行。主要内容包括取消专用车、新能源汽车外资股比限制，2020年取消商用车外资股比限制，2022年取消乘用车外资股比限制以及合资企业不超过2家的限制。

七月

2日，国家发展改革委出台的《关于创新和完善促进绿色发展价格机制的意见》指出，2025年底前，对电动汽车集中式充换电设施用电，免收需量（容量）电费。

3日，工业和信息化部节能司发布《新能源汽车动力蓄电池回收利用溯源管理暂行规定》。规定指出，建立"新能源汽车国家监测与动力蓄电池回收利用溯源综合管理平台"，对动力蓄电池生产、销售、使用、报废、回收、利用等全过程进行信息采集，对各环节主体履行回收利用责任情况实施监测，自2018年8月1日起施行。

3日，国务院印发《打赢蓝天保卫战三年计划》，提出6方面任务措施，并明确量化指标和完成时限。一是调整优化产业结构，推进产业绿色发展；二是加快调整能源结构，构建清洁低碳高效能源体系；三是积极调整运输结构，发展绿色交通体系；四是优化调整用地结构，推进面源污染治理；五是实施重大专项行动，大幅降低污染物排放；六是强化区域联防联控，有效应对重污染天气。

4日，全球首款L4级量产自动驾驶巴士厦门金龙阿波龙第100辆下线。

4日，交通运输部办公厅发布了关于贯彻落实交通运输行业标准《营运客车类型划分及等级评定》（JT/T 325—2018）的通知。

5日，比亚迪在智利再次赢得各界瞩目，继去年底首批纯电动大巴正式运营后，又签署100台K9FE型纯电动大巴订单，这也是美洲最大的纯电动大巴订单。

2日—27日，客标委组织开展了2018年版《营运客车类型划分及等级评定》标准的宣贯。在沈阳、兰州和长沙分4期集中举办标准宣贯培训会，参加会议的有来自全国24个省（市）各级运输管理部门、客车生产企业、道路旅客运输企业、运输车辆检测机构、零部件生产企业等500多位代表。另外，按照交通运输部运输服务司的安排，客标委还派出专家为广东、海南、内蒙古、河北、宁夏5个省做了新标准的讲解和指导。

10日，交通运输部发布《关于全面加强生态环境保护坚决打好污染防治攻坚战的实施意见》。《意见》指出，推广应用新能源和清洁能源汽车，加大新能源和清洁能源车辆在城市公交、出租汽车、城市配送、邮政快递、机场、铁路货场、重点区域港口等领域应用，配合有关部门开展高速公路服务区、机场场内充电设施建设。预计到2020年底前，城市公交、出租车及城市配送等领域新能源车保有量将达到60万辆，重点区域的直辖市、省会城市、计划单列市建成区公交车全部更换为新能源汽车。

11日，比亚迪赢得挪威首都奥斯陆42台18m纯电动铰接大巴订单，加上去年12月在奥斯陆已投入运营的2台纯电动铰接大巴，这是迄今为止北欧最大规模的纯电动铰接大巴车队。

25日，工业和信息化部发布《坚决打好工业和通信业污染防治攻坚战三年行动计划》，旨在全面推进工业绿色发展，坚决打好污染防治攻坚战，促进工业和通信业高质量发展。《计划》提出，2020年新能源汽车产销量要达到200万辆左右；联合交通运输等部门，加快推进城市建成区新增和更新的公交、环卫、邮政、出租、通勤、轻型物流配送车辆采用新能源或清洁能源汽车，重点区域达到80%；大力推进新能源汽车蓄电池回收利用。

25日，交通运输部印发《贯彻落实〈中共中央国务院关于支持海南全面深化改革开放的指导意见〉的实施方案》，根据《实施方案》，海南将推进交通枢纽小微型汽车租赁服务及停车设施建设，鼓励旅游景点发展汽车分时租赁和互联网租赁自行车。加快新能源汽车和节能环保汽车推广应用，积极引导新能源汽车用于出租汽车和小微型汽车租赁服务，确保到2019年年底新增及更换的公交车中新能源公交车比重达到80%。

26日，《客车自动破窗装置》标准审查会在南京召开，参与评审的小组成员有全国汽车标准化技术委员会成员、客车行业专家、主流车企技术总工、公交公司技术负责人等30多人。

31日，财政部下发《关于节能新能源车船享受车船税优惠政策的通知》。通知表示将对节能汽车减半征收车船税，对新能源车船，免征车船税。该通知即日起执行。

八月

6日，交通运输部公布第1批道路运输车辆达标车型的公告，标志着过去高级客车等级评定结果、营运客车安全达标车型、燃料消耗量达标车型正式以"道路运输车辆达标车型公告"形式统一发布。

28日，交通运输部、公安部、国管局、中华全国总工会联合组织开展"2018年绿色出行宣传月和公交出行宣传周活动"。客标委依据《公共汽车类型划分及等级评定》《纯电动城市客车通用技术条件》等标准，遴选出10个企业的24个车型作为综合性能高、适应范围广的无障碍绿色交通工具，即"第一批无障碍公共汽车推荐车型"，起到了鼓励和支持城市公共交通企业加强无障碍车辆投放和车载设备升级的示范作用。

28日，郑州宇通CL6正式上市，这是郑州宇通新一代商旅客车，分为13+1座，16+1座2种车型，以满足对舒适性要求较高的客运需求。

九月

3日，郑州宇通T7担任了中非合作论坛北京峰会通勤服务车，并赢得了与会嘉宾的高度赞扬。

3日，工业和信息化部发布了关于《特别公示新能源汽车生产企业（第1批）》进行公示的通知。拟将停止生产新能源汽车产品12个月及以上的企业名单（按合格证上传数量统计）上报。共涉及30家企业。

4日，工业和信息化部公示拟撤销的《免征车辆购置税的新能源汽车车型目录》名单。经统计，2017年7月《目录》（第十一批）发布后，截至2018年8月底无产量或进口量的车型共计272款，拟从《目录》撤销。

5日，工业和信息化部发布《新能源汽车废旧动力蓄电池综合利用行业规范条件》企业名单（第一批），衢州华友钴新材料有限公司、赣州市豪鹏科技有限公司、荆门市格林美新材料有限公司、湖南邦普循环科技有限公司、广东光华科技股份有限公司5家企业上榜。

5日，以色列耶路撒冷确认向比亚迪采购7台12m纯电动大巴，开启"圣城"的公交电动化新时代。

6日，工业和信息化部对外公示第1批《享受车船税减免优惠的节约能源使用新能源汽车车型目录》。其中包括68款插电式混合动力乘用车、1035款纯电动商用车、117款插电式混合动力商用车、21款燃料电池商用车。

12日，工业和信息化部公开对十三届全国人大一次会议第3551号"关于加强农村新能源汽车基础设施建设的建议"的回复，回复中显示，工业和信息化部赞同有条件的农村地区大力推动新能源汽车替代传统能源汽车，三部门将通过完善相关政策等措施推进新能源汽车在农村地区的推广应用，加快推动农村充电基础设施建设。

25日，工业和信息化部发布关于2017年及以前年度新能源汽车推广应用补助资金初步审核（补充）情况的公示，经审核，此次清算补贴资金约为50.9亿元。

十月

5日，比亚迪宣布斩获加拿大知名旅游观光公司——西海岸观光公司（WESTCOAST Sightseeing）的90台纯电动大巴订单。目前该公司运营有90台柴油大巴，包括敞篷观光大巴，双层和单层大巴等，将在

2023年之前逐步切换成纯电动大巴，比亚迪成为该公司选定的唯一车辆供应商。

16日，国务院批复同意设立中国（海南）自由贸易试验区并印发《中国（海南）自由贸易试验区总体方案》的通知，在《方案》中，特别提及了将对新能源汽车制造等重点领域加大开放力度，并明确表示取消新能源汽车制造外资准入限制。

17日，福田欧辉BJ6852氢燃料电池城间客车正式发车进行实路巡游。

17日，工业和信息化部发布《机动车运行安全技术条件》（GB 7258—2017）等相关标准检测工作的通知。该通知表示加装燃油加热器系统的纯电动客车应满足《汽车燃油箱安全性能要求和试验方法》（GB 18296—2001）。

19日，北京首批12m氢燃料电池城市客车示范运营调研活动走进福田欧辉。

22日，工业和信息化部公示2018年制造业"双创"平台试点示范项目名单，客车企业中，郑州宇通凭借开放式双创体系建设项目，厦门金旅凭借金旅客车数字化协同研发平台入选。

十一月

1日，宇通旗下的高端公商务用车T7 3.5T小排量汽油版正式发布，该车具有低油耗、小排量、高配置，优品质的优势。并推出了商务、公务、旗舰3个版本，可满足不同需求。

7日，工业和信息化部发布了《特别公示新能源汽车生产企业（第1批）》的通知，27家企业被暂停新能源汽车新产品申报。

9日，交通运输部发布了《交通运输部办公厅关于进一步加强城市公共汽车和电车运行安全保障工作的通知》，要求各地切实加强公交驾驶员安全意识和应急处置能力的培训教育，明确各地新购置公交车应配备安全防护隔离设施，并强调驾驶员遇到紧急情况应靠边停车、及时报警等，从人与车两方面入手，保障公交车行车安全。

13日，工业和信息化部发布了《车联网（智能网联汽车）直连通信使用5905-5925MHz频段管理规定（暂行）》，规定规划5905-5925MHz频段作为基于LTE-V2X技术的车联网（智能网联汽车）直连通信的工作频段，执行过程中相关意见和建议，需及时反馈给工业和信息化部无线电管理局。

19日，四部门联合发布了《提升新能源汽车充电保障能力行动计划》，《计划》表示，将力争用3年时间大幅提升充电技术水平，提升充电设施产品质量，加快完善充电标准体系，全面优化充电设施布局，显著增强充电网络互联互通能力，快速升级充电运营服务品质，进一步优化充电基础设施发展环境和产业格局。

19日，财政部发布《关于开展2016年及以前年度新能源汽车推广应用补助资金清算的通知》。

21日，世界智能网联汽车大会在北京落下帷幕。闭幕式上，工业和信息化部无线电管理局局长谢远生发布《车联网（智能网联汽车）直连通信使用5905-5925MHz频段的管理规定》，这对于推动智能网联汽车发展至关重要。

22日，厄瓜多尔第一大城市瓜亚基尔市宣布向比亚迪采购20台12m纯电动大巴及配套的快速充电系统，这也是厄瓜多尔国内首支纯电动大巴车队。

23日，载有100辆宇通纯电动客车的巨轮开往智利。

27日，14辆宇通纯电动客车交付仪式在冰岛雷克雅未克举行。

29日，由交通运输部运输服务司指导，交通运输部科学研究院、中国公路学会客车分会等联合主办的首届新能源公交车性能评价赛（简称评价赛）在重庆举办，评价赛吸引了来自宇通客车、金龙客车、福田欧辉等多家车企的16款新能源公交车车型参与角逐，按车辆车长分为10~11m和11~12m两组。经过

3天的比赛，宇通客车、金龙客车、中车电动、中通客车、比亚迪、苏州金龙、福田欧辉7家车企共计9款车型获奖，其中宇通客车共获得8项奖项，位列榜首，厦门金龙共获得5项奖项，紧随其后。

十二月

12日，针对重庆万州"10·28"城市公交车坠江事件，客标委补充申报了《客车驾驶员隔离防护装置》标准。

13日，智利政府在圣地亚哥举行电动公交车交付仪式，100台比亚迪K9纯电动大巴悉数亮相，助力打造拉美地区最大纯电动大巴车队。

18日，国家发展改革委发布《汽车产业投资管理规定》，对新建车用动力蓄电池单体/系统企业投资项目条件作出调整：取消"能量型车用动力蓄电池单体比能量应不低于300W·h/kg，系统比能量应不低于220W·h/kg"要求。同时正式确认自2019年1月10日起，在整车投资项目领域，混合动力汽车、插电式混合动力汽车将划归燃油汽车一类，电动车只针对由电动机驱动的汽车，主要指增程式电动汽车、燃料电池汽车、纯电动汽车等。

16日，交通运输部下发通知，部署开展营运客运汽车安全监控及防护装置整治专项行动。行动将推动城市公共汽电车和"两客一危"车辆安装智能视频监控装置，实现驾驶员不安全驾驶行为的自动识别、自动监控、实时报警；同时推动城市公共汽电车驾驶区域安装防护隔离设施，有效避免乘客侵扰攻击驾驶员、影响安全驾驶等行为，大幅降低人为因素导致的运输安全事故。

27日，工业和信息化部发布了《车联网（智能网联汽车）产业发展行动计划》，《计划》表示发展车联网产业，有利于提升汽车网联化、智能化水平，实现自动驾驶，发展智能交通，促进信息消费，对我国推进供给侧结构性改革、推动制造强国和网络强国建设、实现高质量发展具有重要意义，为进一步促进产业持续健康发展，《计划》从7大方面制定了智能网联汽车产业发展行动计划。